図説

紅茶とお菓子で旅する英国

アフタヌーンティーでひもとくイギリス史

Cha Tea 紅茶教室

河出書房新社

図説

紅茶とお菓子で旅する英国

アフタヌーンティーでひもとくイギリス史

目次

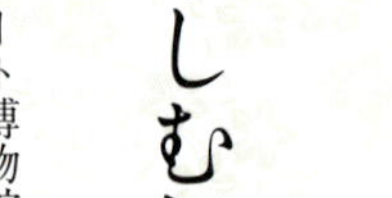

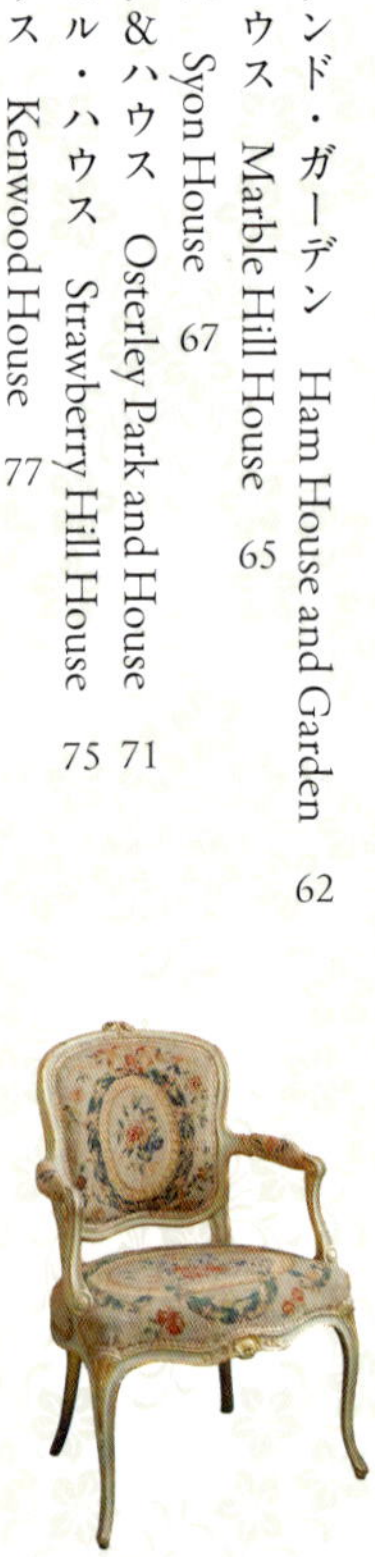

はじめに

コロナ禍を経て海外旅行はどう変わったか

コロナ禍を経て、海外旅行に出る人が減っているという。仕事で渡英することの多かった私たちも、オンラインで簡単に海外とつながれるようになったことから、打ち合わせやアンティークの買い付けなどはオンラインでのやりとりですむことも多くなり、旅に対する意欲は衰えるかと想像していた。しかし数年ぶりに渡英したところ……そこには、今までにない利便性のよい世界が待っていて、旅の楽しみは衰えるどころか、年々増しているように感じている。

たしかに円安の影響もあり、飛行機のチケット代金、ホテル代金（とくに英国は都心のホテルが高い！）は高《こう》騰《とう》しているが、現地で消費する金額は以前より減っているようにも思う。

最も感じる変化は現金を使わなくなったこと、英語を使うシーンが減ったこと、買い物が減ったことだ。

両替もいらない キャッシュレスの時代

現金に関しては、もはや両替も必要ない気がする。コロナ禍、そしてEU離脱から、日本以上に人手不足が進んでいる英国では、スーパーマーケットでの買い物はセルフレジ、カード決済が普通。屋台での飲食や、一ポンドの買い物にもカードを使う人が大半だ。教会の寄付でさえ、カードで払うという徹底ぶりだ。かつて私たちを悩ませた、ホテルの枕銭の習慣もカジュアルなホテルではなくなった。飲食店でのチップは、パブやカフェなどで払う人はほぼみない。一食五〇〇〇円以上払うようなレストランの場合、会計時にクレジットカードの端末機にチップの項目があり、必要時に自分で金額を入力し、食事代とともに決済する。

都市部では地下鉄や公共バスに乗る際も、コンタクトレス決済ができるクレジットカードを持っていれば、カードをかざすだけで自動決済がされるようになり、乗車券を購入する

という手間がなくなった。田舎のバスですら乗車券をクレジットカードで購入することができるため、ますます現金を使うシーンが減っている。

遠距離の電車のチケットも、窓口で購入する時代は終わり、インターネットで事前予約が普通になった。日本の新幹線乗車と同じ。切符はスマートフォン画面のバーコード。購入時は英語サイトだが、翻訳ツールで翻訳してしまえば問題はない。事前割引があったり、遅延やキャンセルの連絡をメールでもらえたり、チケットの変更・キャンセルも比較的自由にできる点は大変助かる。

タクシーも、ウーバーなどのアプリで配車することで、事前に行き先登録、金額の確定ができるため、今までのように「いくらになるのだろう」「もしかして遠回りされている」なんて不安になる必要もなくなった。支払いもアプリを通してのカード決済が普通だ。約束の時間の五分前などになると、配車サーヴィス会社から「あと五分でドライバーが着く」「一〇分遅れる」などメールが届く。運転手に直接メッセージを送ることも可能だ。

レストランやアフタヌーンティーの予約も、公式ホームページや、グルメサイトなどを通してネットで予約。前日にメールでリマインダーが送られてくるので安心だ。

英語が喋れなくても何とかなる!

英語を使うシーンも減っているように思う。入国、出国も自動化され、今までのように係員に「何日滞在するのか」「何の目的で来たのか」と質問されることもなくなったうえ、待ち時間も大幅に減少した。カジュアルなホテルでは、予約番号と予約時に登録したクレジットカードを使ったセルフチェックインの場所も増えている。

もともと日本よりもセルフレジ化が進んでいたスーパーマーケットでの買い物はもちろん、チェーン展開しているような大衆的なカフェやパブでは、席に着いてからメニューをＱＲコードでダウンロードして、スマートフォンで注文から決済まですますパターンも当たり前になってきた。

美術館や博物館のガイドも、ＱＲ

コードから自らのスマートフォンに解説をダウンロードして聞くスタイルが増えている。

無料で使える翻訳アプリの性能も上がり、メニューや美術館の解説程度ならば、それを写真に撮るとほぼ正確に訳してくれる。バスの停車駅、電車の乗り換えも、グーグルマップが日本国内と同じようにすべて教えてくれる。

そしてこのようなインターネット社会を補助するごとく、ホテルの部屋はもちろん、長距離電車やバスにはスマートフォンの充電アダプターが完備、フリーWi-Fiが使える場所も年々増えている。

買い物に関しては、もちろん個人差はあると思うが、私たちの場合は紅茶教室講師という職業柄、日本未入荷の紅茶、洋書、アンティークの茶器、英国菓子……帰国の際にはトランクがパンパンになるほどの土産物を持ち帰るのが常だった。しかし近年は、送料はかかっても日本から取り寄せできるものも多く、買い物に使う時間は明らかに減っている。本を一冊購入する際も、ついつい「金額が大して変わらないのであれば、Amazonで取り寄せられるかな」と調べてしまう自分がいる。

自由な時間で自分らしい旅を

「なんともまあ味気ないことか」「昔のローカルなやりとりがよかった」と思われる方もいるのではないかと思うが、英語が苦手なので、個人旅行は難しい……と感じていた方には、待っていました！　の世界である。「待つ」「人に聞く」「迷う」「買う」などに費やしていた時間が減ることで、格段に「自由な時間が増える」。それがこれからの旅のスタイルだと思う。

趣味に時間を費やすもよし、現地の人と英語で交流することを楽しむもよし、秘境の地まで旅してみるのもよし、美しい景色に時間を気にせず身を置くもよし。「見る」「感じる」「体験する」ことに時間を投資できる。それはまさに、二一世紀の海外旅行の醍醐味《だいごみ》ではないかと思う。

本書では、私たちの推しである「紅茶」「カントリー・ハウス」「陶磁器」「英国菓子」をテーマにした趣味の旅のスタイルを提案する。いつか旅のテーマの一つに加えていただければ嬉しい限りだ。

第1章

ロンドンで楽しむ紅茶文化

ケンジントン宮殿
Kensington Palace
ナショナル・
ポートレートギャラリー
National Portrait
Gallery
ナショナル・ギャラリー
National Gallery
トワイニング
Twinings
ミュージアム・オブ・
ザ・ホーム
Museum of the Home
ポートベローロード
マーケット
Portobello Road Market
カティサーク
Cutty Sark
ダルストン
Dalston
イスリントン
Islington
ヴィクトリア・
パーク
リージェンツ・
パーク
大英博物館
パディントン
Paddington
ハイド・パーク
テムズ川
タワー・ブリッジ
ケンジントン
Kensington
バッキンガム
宮殿
チェルシー
Chelsea
ウォルワース
Walworth
デトフォード
Deptford
グリニッジ公園
キューガーデン
Kew Gardens
リッチモンド
Richmond
ブリクストン
Brixton
ホーニマン
博物館
クリスタルパレス・
パーク
帝国戦争博物館
Imperial War Museum
ヴィクトリア&
アルバート博物館
Victoria and Albert
Museum
ハロッズ
Harrods
フォートナム&
メイソン
Fortnum & Mason
ウエストミンスター寺院
Westminster Abbey
ヴォクソール・
プレジャー・ガーデンズ
Vauxhall Pleasure
Gardens

ヴィクトリア＆アルバート博物館の外観。

1

ヴィクトリア&アルバート博物館

Victoria and Albert Museum

ロンドンのヴィクトリア&アルバート博物館は、世界中から集められた美術工芸品を数多く所蔵する博物館だ。そのコレクションは多岐《たき》にわたり、衣装・彫刻・絵画・ガラス工芸品・陶磁器・写真・家具など四〇〇万点以上も展示されており、一四六室ものギャラリーがある。

この巨大な博物館、一日そこらでは見切れないことはもちろん、まずどこから見たらいいのか、入り口で立ちつくす人も多い。寄付金を払うともらえる館内マップもあるが、事前に公式ホームページからマップをスマートフォンにダウンロードし、見たいフロアをチェックしておくことがおすすめだ。本書では「紅茶」というポイントから見た世界に焦点をしぼってスポット紹介をしてみる。

まずは英国の紅茶の歴史をテーマに見学を始めよう。一五〇〇から一七六〇年までが二階、それ以降の時代が三階と分かれて展示されている。紅茶の歴史は、二階の後半部分からになるため、紅茶だけが目当ての方は前半を速足で通りすぎることをおすすめする。

〈お茶を飲む三人の家族〉

一八世紀のコーナーのなかでも、お茶を飲むシーンを描いた絵画、リチャード・コリンズ作の〈お茶を飲む三人の家族〉は必見だ。東洋から輸入された緑茶は一七世紀、強い薬《やっ》効《こう》を持つ薬として紹介された。これは、中国の茶の起源となる「神農《しんのう》伝

ミントン窯のタイル装飾が見事な階段。天井のタイル画はアート・スタジオの生徒が描き、ミントン窯で焼成された。

説」、漢方薬《かんぽうやく》の神、神農が毒消しとして茶を食したことに由来する。

絵の中の三人の家族はティーテーブルを囲んで座っている。その表情からは、当時貴重だった茶を嗜《たしな》んでいる自らに対しての誇りが伝わってくる。絵画とともに一八世紀当時のアンティークの茶道具が、まるで絵の中から飛び出してきたように展示されている。なんて粋《いき》な展示方法だろう。

同じ部屋には、貴重品だった砂糖をつまむシュガーニッパーを手にした女性が描かれたファミリーポートレートもある。

ティーボウル

茶が東洋から伝来した当時、茶器もすべて東洋からの舶来品《はくらいひん》だったが、一八世紀になると国産品の茶器も登場する。なかでもティータイムに欠かせない存在となったのが、「ティーボウル」だ。深皿に湯呑みがセットになったこの茶器は、お茶、コーヒー、ココアを飲むのにも用いられた。なかでも熱湯で淹《い》れた茶やコーヒーは熱すぎたことから、一度湯呑

18世紀の喫茶文化をテーマにしたコーナー。

絵画と同時代の茶器が再現として展示されている。どれも稀少価値の高いものだ。ティーボウルは中国製だ。

リチャード・コリンズの〈お茶を飲む3人の家族〉。

みに注いだ液体を、受け皿に移して飲むという奇妙な習慣も生まれた。

ティーボウルは一八三〇年頃まで製造された。インドやスリランカで茶の製産が始まるのは一九世紀半ばになってからのため、ティーボウルで茶が飲める家庭は富裕層が中心だった。そのため、アンティーク品としての価値も高い。

一般的なアンティーク店で数客のティーボウルを一度に見ることも稀《まれ》であるなか、ヴィクトリア&アルバート博物館の所蔵量は莫大である。とくに四階のセラミック・ルームの所蔵数は世の中にこれだけの数のティーボウルが存在するのか……と圧倒される。

ちなみに、当時貴重品だった茶のお代わりを断ることは容易ではなかった。そのため、ティーボウルにティースプーンを渡すことで、やんわり「もう結構です」と伝える慣習ができたそうだ。なかなか奥ゆかしく感じる。

〈娼婦一代記〉

ヴィクトリア&アルバート博物館

ウィリアム・ホガースの〈娼婦一代記〉。裕福な商人の妾になったモルだが若い愛人との浮気を見つかってしまう。慌てて浮気相手を逃がそうとティーテーブルを蹴り上げ、商人の注意を引こうとしている。

商人に見捨てられ、娼婦に身を落としたモル。それでも茶を楽しむゆとりはあったが、娼婦摘発に訪れた治安判事の一行により、この後捕まってしまう。

にはティーボウルが描かれた銅版画がある。英国を代表する画家ウィリアム・ホガースが一七三二年に発表した六枚の連作〈娼婦一代記〉だ。

物語の主人公は少女モル。田舎からロンドンに出てきたモルは裕福なユダヤ商人の妾《めかけ》になり、茶を楽しめる豊かな暮らしを手に入れる。しかし彼女は若い愛人と密会を重ね、とうとうパトロンである商人に現場を押さえられ、娼婦に身を落とす。作中には「茶」が、モルのおかれた生活レベルを表現する小道具として登場する。

商人の家でのティータイムでは、頭にターバンを巻いた異国の少年がヤカンを手にしているのが描かれている。この時代、外国人の小姓を持つことはステイタスだった。商人宅のティーテーブルは猫脚の装飾が施された優美なデザインだ。娼婦になってからのティータイムでは、テーブルは無骨《ぶこつ》なオーク製になり、世話役の女が安価なジャグを使って湯を急須《きゅうす》に注いでいる。一八世紀の英国の悲惨な社会問題を赤裸々《せきらら》に訴えたこの作品は、現在も版が重ねられている。ヴィクトリア&アルバート博物館が所蔵している作品は、ホガースが生きていた当時の貴重な版である。

銀器

博物館の二階には、数部屋にわたる面積を持つ膨大な銀器の展示コーナーがある。初めてこの部屋を訪れた人は、その煌《きら》めきと美しさに感嘆《かんたん》の声を上げること間違いないだろう。

一七世紀まで英国では、お茶を淹れる際には中国製の小さな急須を使用していた。しかし一八世紀に入ると、よりたくさんの量のお茶を飲むために、銀製のティーポットが作られるようになる。華やかな茶会を彩ったティーポットは、ひとつひとつ個性的な装飾が施されている。とくに注目したいのが、ポットのつまみや注ぎ口の部分の装飾である。鳥や植物などのモチーフを用いた細部にわたる装飾はもちろん、英国人らしいユーモアが感じられる作品もある。なかには子ども用の銀製のティーセットもある。たくさんの展示品の中から、茶道具を探す楽しみは尽きない。

　見逃さないでほしい展示品が、キャディスプーンと呼ばれる茶葉をすくうための茶匙《ちゃさじ》だ。小さなスプーンたちはキャビネットの引き出しの中に収められていて、それらはまるで宝石のようにキラキラと輝き、見る人の心を奪う。

　茶匙の形はさまざまで、なかでもお茶の葉をイメージしたリーフ型や貝のモチーフが多い。これは一七世紀に、茶匙として貝殻が利用されていたことに由来している。貝そのものが匙になっているキャディスプーンもあるが、これはとても珍しく、ここ以外では目にしたことがない。また、持ち手の部分にも注目したい。白蝶貝《しろちょうがい》、そして象牙《ぞうげ》も使われている。蝋燭《ろうそく》しか灯りがなかった古い時代、少しの光をとらえ、反射させ、人びとの目を引きつけるために銀には細かい装飾が必要不可欠だったことがうかがえる。

　展示コーナーの中央には、銀器についての基礎知識が学べる学習コーナーも設置されている。時間がとれる人は、トライアルしてみるのもい

さまざまな装飾が施された銀のティーポット。スターリングシルバー製（純度92.5%）のものは、持ち手のところに熱伝導を遮断する象牙のパーツがはめ込まれているのも特徴だ。蓋のつまみのデザインもユニークだ。

引き出しを開けた途端に歓喜の声が出てしまうキャディスプーンの展示。

いだろう。

何十回も訪れているこの空間だが、数年前に初めて気がついたことがある。銀器の陳列棚の頭上に、複数枚の絵画が展示されていたのだ。いつも実物の銀器ばかりに目がいっており、頭上を見上げるゆとりがなく、気がつかなかった。飾られている絵のモチーフは銀器のある食卓風景で、当時の銀器の使われ方がうかがえる大変興味深いものである。このように、訪れるたびに何かしらの発見があり、それがこの巨大博物館の最大の魅力であろう。

銀器のコーナー。上部の絵画にも注目してほしい。

銀器がふんだんに使われたティータイムの茶道具が描かれている。

ミュージアムカフェ

「人間の集中力には限界がある」。ヴィクトリア&アルバート博物館を訪れるたびに実感することだ。そんな人びとの心理を察してか、博物館の館内には、世界で初めて作られたミュージアムカフェがある。創設されたのは一九世紀後半、なんて粋な試みだろう。

カフェは、セルフ式だ。ブッフェ台に並んだサラダやスイーツ、そして注文して盛りつけてもらう温かいフード。なんと飲み物にはアルコールもある。昼食からティータイム、そして予約制でのアフタヌーンティー、アルコールを添えた軽い晩酌《ばんしゃく》まで、自分の好みに合わせて利用できるのはありがたい。

ただし、昼時は席取り合戦が行われるほどの盛況ぶりで、インテリアも含め、ゆっくり食事を楽しみたいときは、オープン直後、または夕方以降がねらいめだ。

デザインの異なる三つの部屋が用意されているので、自分好みの空間で一息つくことをおすすめする。〈ギャンブル・ルーム〉〈ポインター・ルーム〉〈モリス・ルーム〉、それぞれの部屋の特徴を簡単に紹介しよう。

中央に位置する〈ギャンブル・ルーム〉は、明るく華やかな装飾が施されている。この部屋は、元は若いアーティスト、ゴドフリー・サイク

ギャンブル・ルームはとにかく華やか。大きなシャンデリアにうっとりしてしまう。

ポインター・ルームは落ち着きがある。タイルの絵付けも楽しい。

スによって設計されたが、部屋の完成の前に、サイクスは亡くなってしまう。その後、部屋の設計はジェイムズ・ギャンブルに託された。彼の名前はそのまま部屋の名前となった。
　ギャンブル・ルームの右隣には、画家のエドワード・ポインターが手がけた〈ポインター・ルーム〉がある。ギャンブル・ルームとは対照的に東洋をイメージしたブルー＆ホワ

モリス・ルームはいつも人気だ。

イトのタイル装飾が美しい落ち着いた空間となっている。

中央左に位置するのが、日本でも人気のデザイナー、ウィリアム・モリスが設計を手がけた〈モリス・ルーム〉だ。設計当時モリスは三一歳という若さで、その名はまだ広く世に知られていなかった。彼にとって公的な空間をデザインするのはこれが初めてのことだった。モリスは友人の建築家フィリップ・ウェッブと画家エドワード・バーン・ジョーンズの助けを借り、室内装飾をした。

ケーキは3〜4種類用意されている。こちらはキャロットケーキ。
ウィリアム・モリスのトレイは土産物屋でも購入できる。

部屋はオリーブの石膏《せっこう》レリーフと野ウサギを追いかける犬が描かれた装飾に囲まれていて、ステンドグラスの窓と、幾何学的なパターンでデザインされた天井とが見事に調和している。

三つの部屋は、それぞれに設計者の手仕事や美しいものに対しての思いが感じられる空間となっている。

ヴィクトリア&アルバート博物館の現在の建物が竣工してからすでに一一〇年余りの月日が経っている。建物を含めた、膨大な展示物は英国を誇る文化財だ。ヴィクトリア朝時代、製造業の労働者たちにデザインの重要性を啓蒙《けいもう》する教育機関としての役割も担っていたことから、博物館の入場料は昔も今も無料だ。誰もが平等に出入りできる博物館は、人びとの好奇心、美意識、知的興味を刺激し続けている。

『ビートンの家政本』

英国の紅茶文化を学んでいると、必ず出会う書籍がある。一八六一年に刊行された『ビートンの家政本』だ。ヴィクトリア朝時代に、貴族をなら

19世紀半ばに理想とされたディナーテーブルのコーディネート。ナプキンの折り方、花の生け方なども参考になる。

『ビートンの家政本』で新婚家庭におすすめされた朝食時に使用する食器の展示。イラストの挿絵が実物で再現されている。

18世紀のティーポットやキャディボックス。

い、中産階級の間で流行したのが「もてなしの文化」だ。レストランやカフェが少なかった時代、人との交流を深めるために自宅で食卓を囲むことは重要事項だった。家政本には、紅茶のおいしい淹れ方や、季節ごとのティーフードのレシピなどが網羅《もうら》されていた。

　アフタヌーンティーでのもてなしを繰り返すなかで、より親密さを深めたい相手はディナーに招待される。ヴィクトリア&アルバート博物館の三階には、中産階級の家庭で実際に使われていた朝食に必要な陶磁器の陳列、そしてディナーのテーブルセッティングが展示されている。美しい陶磁器、カトラリー、テーブル装飾……盛りつけられたフルーツや菓子を見ていると、当時の食卓のイメージが膨らむ。

　先見《せんけん》の明《めい》を持っていたビートン夫人は「家事の重要性」、そして「家庭生活の充実は子育てにも影響を与える」ことを見抜いていた。彼女が編集した『ビートンの家政本』はその後も版を重ね、現在も英国の家政本の基礎となっている。

キャディボックス

　茶が英国に紹介されたのは一六五〇年頃といわれている。最初に紹介されたのは緑茶（Green Tea）だ。その後、一七世紀末に中国福建省武夷《ぶい》山《さん》で製茶された半発酵茶がボヘアティー（BoheaTea）として輸入され、人気を博す。ヴィクトリア&アルバート博物館には、そんな当時の名残《なごり》をとどめる、茶の名が入った貴重なキャディボックスが展示されているので、これも見逃せない。

ティーガーデンの入場券

またこれは少々マニアックだが、一八世紀に流行した娯楽施設であるティーガーデンの入場券も他では見ない稀少な資料だ。現在の遊園地の先駆けになったティーガーデンは、ロンドン郊外に展開された巨大な公園が舞台となった。公園内には移動式遊園地や、人工池、オーケストラボックス、茶を楽しむ東屋《あずまや》などが設けられ、人びとを魅了した。

入場券はヴォクソール・ティーガーデンズのもので、日付は一七八六年五月二九日。当時英国を旅したフランス人は、入場料さえ払えば、階級に関係なく誰もがティーガーデンを楽しめることに驚いたという。ヴィクトリア朝時代の作家ウィリアム・メイクピース・サッカレーの代表作『虚栄の市』には、前半部に主要人物たちがヴォクソール・ティーガーデンズを楽しむ描写がある。この名作は何度も映像化されているが、なかでも二〇一八年のドラマシリーズはティーガーデンの幻想的な映像美が素晴らしい。

万国博覧会

紅茶といえばアフタヌーンティーの文化を想像する方も多いことだろう。一八四〇年頃、貴族の邸宅で始まったアフタヌーンティーの習慣は、一八六〇年頃には中産階級の家庭へ

3つの茶葉を保管できるキャディボックス。

「GREEN」（グリーンティー）の文字が描かれているキャディボックス。対でボヘアも作られたにちがいない。

当時流通していた茶葉の種類。

ヴォクソール・ティーガーデンズの入場券。稀少価値の高い展示だ。

メリルボーン・ティーガーデンズを描いた銅版画。

万国博覧会をテーマにした展示コーナー。クリスタルパレスの模型もある（写真上）。万国博覧会の様子を描いた絵画コーナー。じっくり鑑賞してみよう（写真下）。

も広まった。アフタヌーンティーの盛り上がりに貢献《こうけん》したのが、一八五一年に開催されたロンドン万国博覧会、まさにこのヴィクトリア＆アルバート博物館の展示品の由来になった万博である。

禁酒運動の流れをくみ、万国博覧会の会場ではアルコールは禁止され、紅茶が多く提供されたという。インドのアッサム地方で英国人主導のアッサム紅茶が生産されるようになったこと、アヘン戦争で中国に勝利し、茶の製造工程の秘密が流出したことなど……ヴィクトリア朝は茶の世界が一新された時代でもあった。

そんな茶を楽しむためには器が欠かせない。万国博覧会の会場では、さまざまな陶磁器ブランドが渾身《こんしん》の作品を展示販売した。ヴィクトリア女王のお気に入りのミントン窯、歴代の英国王室の御用達《ごようたし》窯として知られるロイヤルウースター窯など。三階の展示フロアでは、万国博覧会の特集コーナーが設置されている。

会場となった水晶宮《すいしょうきゅう》（クリスタルパレス）の模型や図面、見事、賞に輝いた陶磁器作品。そして当時の様子を描写した絵画。会場で販売された土産物なども興味深い。

万国博覧会の会場で人びとがティータイムを楽しんでいる絵画もある。しかしこの絵は近年公開展示から外されてしまっている。ヴィクトリア＆アルバート博物館のホームページには、所蔵されている作品のデーターベースが公開されており、キーワードで検索をすることで、作品の詳細とともに、現在その作品が公開されているかどうかも知ることができる。いつか再び鑑賞できることを願うばかりである。

英国の窯で唯一入賞をしたミントン窯のマジョリカ焼き作品。

セラミック・ルーム

時間をかけてぜひ見学してほしいのが、四階にあるセラミック・ルームだ。改装に五年近い歳月を経て、二〇一〇年にリニューアルオープンしたこの展示は全一〇室からなり、二万六〇〇〇点以上のアイテムを所蔵する。数字ではその展示量を想像できない人が大半かと思うが、四階のフロアに足を踏み入れた瞬間、あまりのボリューム感に開いた口がふさがらない人が続出すると思う。

各部屋の真ん中には「ロ」の字型に設計されたガラス棚があり、床から天井までぎっしりと展示品が陳列されている。収蔵品は土器、陶器、磁器と幅広い。食卓用の作品だけでなく、建築建材として使われたタイルや鑑賞用のフィギュアもある。これがまあ、見事に、解説もなにもなくただ陳列されているのである。日本の美術館、博物館に慣れている人は、戸惑ってしまうことであろう。ガラスの棚なので、下からのぞくことで窯名を記すメーカーズマークを確認することは可能だが、そもそも一八六〇年以前の作品にはこのマークがないことが多いため、あまり参考にはならない。

作品に番号がつき、簡単な解説がある作品は部屋の左右の棚に収められている。今後順次、作品の検証が進められ解説が追加されていくとのことだが、量が量なだけに、一〇年後、二〇年後の楽しみのような気もする。解説がある作品だけでも、把握するには相当な時間を有する。そのため、所々に設置された端末機を使い、展示品の検索ができるようになっている。窯名、アーティスト名などを入力すると作品の解説とともに展示棚の番号を教えてくれる。陶磁器好きの方にはこのサーヴィスはぜひ利用してほしい。初心者の方は深く考えず、とにかく自分の「好き」を探してほしい。

おすすめ展示品を二つ紹介しよう。一つは〈薔薇の絵付け師〉と呼ばれたウィリアム・ビリングズリーの作品だ。ダービー窯の絵付け師として腕を磨いたビリングズリーは、究極の白磁に自分の薔薇を描きたいとピンクストン窯を起業、しかし財政難

ウェッジウッド窯の作品は、1851年当時はややデザイン性が古いとされ、高評価とはならなかった。

万国博覧会で展示されたコールポート窯（左）、ミントン窯（右）の大作。絵付けが素晴らしい。

東洋の作品も数多く並んでいる。当時流行した磁器の間をイメージしたコーナー。

ウィリアム・ビリングズリーの作品が集められたコーナー。

セラミック・ルーム、食器の数に息をのむ。

に陥《おちい》り夜逃げ、その後リバプールで外注の絵付け師として働き、さらにウェールズのスウォンジー窯に移り、その後、ロイヤルウースター窯、コールポート窯を転々とする。

行く先々で彼が伝授した〈ビリングズリースタイルの薔薇〉はいつしか〈英国の薔薇〉の模範となる。故エリザベス二世もピンクストン窯由来のデザインを愛用。ピーターラビットの生みの親であるビアトリクス・ポターもビリングズリーの作品のファンだった。ヴィクトリア&アルバート博物館のビリングズリーコーナーは、彼が渡り歩いたさまざま

薔薇の絵付け師として活躍したビリングズリーの描く薔薇は絵付け職人たちの目標となった。

な窯の作品がまとまって陳列されている貴重な場である。

そしてもうひとつが、ウィリアム・コールマンのコーナーで、こちらは最近整理されたコーナーだ。コールマンは、ミントン窯とヴィクトリア&アルバート博物館が共同で運営したアート・スタジオの初代所長として任命された絵付け師である。独特の作風は一度見ると忘れられない魅力がある。博物館内に作られたスタジオは残念ながら数年後に火事で焼失してしまう。そのため、スタジオはミントン窯の本拠地ストーク・オン・トレントに移された。この博物館の創設の目的、「製造業の労働者たちにデザインの重要性を啓蒙する教育機関」の歴史を感じるコールマン作品は他では見ることのできない充実ぶりだ。

ウィリアム・コールマンの作品が集められたコーナー。

ミントン窯に新しい風を吹き込んだ作品たち。

節税のために狭くとられた間口。油断すると見逃してしまう。

2 トワイニング
Twinings

一七〇六年に創業したコーヒーハウス「トムの店」を発端とした「トワイニング」は英国を代表する紅茶ブランドである。創業者のトーマス・トワイニングは労働者階級出身で、田舎から安定した暮らしを求めロンドンにやってきた。

　他店との差別化を考え強化した茶葉の小売り販売は、男性しか入店できないというコーヒーハウス独特のルールにより苦戦した。そのため、一七一七年、トーマスは店の隣に小売りに特化した店を開く。「ゴールデン・ライオン」と名付けられたこの店は、その後、コーヒーハウスに取って代わるトワイニング一族の家業となり、現在まで続く。

コロナ禍前の店舗。頭上には歴代の当主の肖像画が並べられ、落ち着いた雰囲気だった。

　ストランド通りにあるトワイニングの本店は、創業時から変わらぬ場所にある。間口税を節約するためにウナギの寝床のような間取りとなっている店舗の一番奥には、かつてトワイニング一族の歴史と、それに呼応する英国紅茶の歴史を展示した「小さな紅茶博物館」があった。小さな空間には、壁面に陳列棚が設置され、一八世紀の時代に使用されていた台帳や商品を顧客に渡す際に使っていた紙袋、当時の茶器、王室御用達の特許状、古い紅茶缶や歴代のノベルティーグッズなど、紅茶文化を学んでいる私たちにとっては喉から手が出るほどほしいお宝が展示され、貴重な学びの場となっていた。

　しかし、この老舗《しにせ》の店にも二一世紀の変革が訪れているようだ。日曜日は休みが鉄則だったはずが、気づ

リニューアルされた店舗。モダンで明るい印象になった。

けば定休日はなくなり、「小さな紅茶博物館」は訪れるたびに面積が縮小され、ついには全面閉鎖、顧客に茶を試飲させたり、テイクアウトのドリンクを作成したりするテイスティングコーナーに変わってしまった。

二〇二二年に訪れた際には、重厚感のある雰囲気作りに貢献していた歴代の当主の肖像画がすべて撤去され、売場全体がリニューアルされ、白を貴重とした明るくモダンなスタイルの売場に生まれ変わっていた。

かつての「小さな紅茶博物館」。たくさんの学びを得た場所だった。

英国の九五％以上の人びとがティーバッグを愛用しているにもかかわらず、わざわざ本店まで茶を求めにくる一部の愛好家のためにリーフティーの売場が増設された。これは新しいチャレンジである。そこにはインド、スリランカ、中国のお茶とともに、日本の緑茶、ほうじ茶、玄米茶も並んでいる。

販売しているお茶はすべてドリンクの持ち帰りが可能、ストレートティー、ミルクティー、アイスティーの選択が可能なのは嬉しい。

トワイニングの本店を訪ねたならば、斜め向かいの教会横に設置されたドクター・ジョンソンことサミュエル・ジョンソンの銅像もぜひ見てきてほしい。英国初の英語辞典を完成させたドクター・ジョンソンは根っからのお茶好きだった。一八世紀、異国から来た茶を医学的、経済的、宗教的、道徳的に論議する「茶論争」が盛り上がっていたが、彼はお茶擁護派として茶論争で活躍した論者の一人だ。近所にある彼の自宅は現在博物館になっていて、愛用していたティーボウルの展示もある。

からくり時計から人形が出てきている。

リニューアル後に設けられた歴史コーナー。

トワイニングのコーヒーハウスはチップ発祥の場所ともいわれている。18世紀初頭にチップを入れていた貴重な箱。

ドクター・ジョンソンの銅像。

3

フォートナム&メイソン

Fortnum & Mason

「フォートナム&メイソン」の店舗へ行く前に、ぜひ観てほしいのが歴史コメディ映画〈女王陛下のお気に入り〉である。この映画は、一八世紀初頭の英国王クィーン・アンの寵《ちょう》愛《あい》を奪い合う女性二人のしたたかな攻防を描いた宮廷ドラマだが、そのクィーン・アンの従僕《じゅうぼく》をしていた人物が「フォートナム&メイソン」の創業者の一人、ウィリアム・フォートナムなのだ。

一七〇五年、ノーフォークからやって来たフォートナムはセント・ジェームズ宮殿で女王の従僕として働き始めた。仕事の一つに宮殿内に散在する蜜蝋《みつろう》のキャンドルを毎朝すべて取り替える作業があった。日々捨てられていくキャンドルを役得《やくとく》で手に入れた彼は、自身が下宿していた

フォートナムとメイソンは、18世紀初頭のフットマンの衣装だ（上）。ウィンドウ・ディスプレイの美しさは圧巻。紅茶の茶葉を使用した斬新なディスプレイ（下）。

ヒュー・メイソンの経営するピカデリーの雑貨店で転売し、財を得た。フォートナムはその資金で独立を考える。そして一七〇七年、共同経営者としてメイソンを迎え、高級グロッサリー「フォートナム＆メイソン」を宮殿からすぐのデュークストリートにオープンさせた。

店に来る客を従僕に扮した従業員が蠟燭を片手に先導し、買い物の手助けをした。購入品は「F&M」のロゴが書かれた美しいハンパー（籐かご）に入れ、顧客の自宅まで配送した。ヴィクトリア朝になるとクリスマスシーズンを狙ったハンパーギフトを展開し、中産階級の人びとを虜《とりこ》にする。

現在の店舗は外観の美しさはもちろん、建物正面に設置されたからくり時計も名物だ。時間になるとフォートナムとメイソン両氏の人形が、手にティートレイを持ち、ピカデリーの道行く人の前に姿を見せる。からくり時計の演出を観たら、四季折々に繰り広げられるフォートナム&メイソンの芸術的ウィンドウ・ディスプレイも堪能《たんのう》しよう。とくにクリスマスシーズンのディスプレイの美しさは素晴らしい。

ドアマンに扉を開けてもらい店内に入ると、そこはお茶、コーヒー、チョコレート、ビスケット、ジャム、蜂蜜など、魅力的な商品があふれるティー&スペシャルティフードコー

クリスマス時期のウィンドウはより華やかだ。

紅茶の量り売りコーナー。稀少な茶葉を扱っている。
近年は日本の国産紅茶の取り扱いも。

自分だけのオリジナルブレンドティーを作れるコーナー。

広々とした店内。紅茶やコーヒー、チョコレートなどたくさんの食品が並ぶ。

ナーになる。蜂蜜のなかには、フォートナム＆メイソンの屋上で養蜂された特別なものある。年に一度開催されるマーマレードアワードの受賞マーマレードが買えるのもここだけなので見逃せない。近年では、ブレンダーと相談して、自分だけのオリジナルティーが作れるコーナーなども設置されている。

　おすすめは、地下のフレッシュフードホールだ。ここは観光客があまり降りてこないのでいつも落ち着いている。野菜、魚、肉、チーズは持ち帰りが難しいが、注目してほしいのが、ベーカリーコーナーだ。焼きたてのスコーン、ミリオネアショートブレッド、ラミントンケーキ、バッテンバーグケーキなど、魅力的な英国菓子が並んでいる。購入は一つからでも可能で、複数購入する場合はケーキ箱を選び、自分で詰め合わせる。英国菓子は日持ちするものが大半のため、私たちは帰国前日または当日に立ち寄り、手荷物で機内に持ち込むようにしている。帰国してからすぐにフォートナム＆メイソンのお菓子が自宅で食べられるのは至福だ。
セカンドフロアのフレグランス、ビューティー&アクセサリー売場には、同社の歴史にかかわる〈蜜蠟のキャンドル〉も販売されている。最上階の「ザ・ダイアモンド・ジュビリー・ティーサロン」でのアフタヌーンティーも人気だが、少々お値段が張るため実は利用したことがない。

私たちのお気に入りは、店舗の裏手に入り口がある〈45 Jermyn St.〉で、入り口が少々わかりにくいこともあり、日本人に会うことがとても少ないレストランである。平日は朝七時半からあいているので、フルイングリッシュブレックファスト、ケジャリー、クランペット、ウェルシュレアビットなど英国らしい朝食もおすすめだ。プレシアターメニューもよい。

創業者のフォートナムは商売が軌道に乗ってからも、王室とのかかわりを保ち続け、上流階級の人びとのニーズを把握することで売り上げを伸ばした。現在も英国王室御用達を掲げる同店には一八世紀からの気品が漂っている。

地下のフレッシュフードホール。肉や魚のほか、チーズやパン、調味料、酒類も扱う。オリジナルのカレー粉は土産物にもおすすめだ。

18世紀、これらの果物は王侯貴族の口にしか入らなかった。

楽しみにしているベーカリーコーナー。1つから購入できる。

4

ハロッズ

Harrods

何度来てもワクワクするデパートが「ハロッズ」だ。肉屋の娘と結婚した貿易商チャールズ・ヘンリー・ハロッドは、一八二三年イーストエンドで夫婦で茶の小売りと食料品の卸売の仕事を始めたが、事業を拡大するために広い土地を求め、一八四九年に現在店舗があるナイツブリッジへやってきた。当時のナイツブリッジはひなびた土地だったそうだ。

店は一八六一年、息子のチャールズ・ディグビー・ハロッドに引き継がれた。彼は隣接した建物を次々に買収し、取扱商品を食品だけでなく、薬、香水、文房具、オモチャなど徐々に増やした。近隣にヴィクトリア&アルバート博物館もオープンし、ナイツブリッジは一躍注目の土地となる。

一八八三年転機がやってくる。一二月六日の夜、火災が発生し、店は廃墟《はいきょ》と化してしまう。負債額に呆然としつつもチャールズは、火災の翌日から臨時事務所を構え、クリスマスギフトを待つ顧客に対し、商品遅延を詫びる手紙を書いた。そして約束した商品の調達に尽力した。顧客ファーストの姿勢に感動した顧客から、火事見舞いの注文も相次ぎ、ハロッズはその年これまでの最高利益を得たという。焼け跡に新しい店舗

〈45 Jermyn St.〉でのティータイム。

ひとつひとつの食材が上質なイングリッシュブレックファスト。

〈ダウントン・アビー〉のドラマにも登場したケジャリー。カレー風味の鱈のピラフのようなもの。

を建てる工事もすぐに始められ、新店舗は翌年の九月に百貨店としてオープンした。一八九八年には店内に世界で初めてのエスカレーターが設置され、動く階段と話題を呼んだ。

　食料品店から発展したデパートは数少ない。その誇りを忘れないように、ハロッズは一九〇二年フードホールの大々的なリニューアルを行った。天井や壁に施されたのはロイヤル・ドルトン製の手描きタイルだ。これは一年がかりで製造された。とくに見事なのが、肉売場の天井に設置された「狩りの情景」と題されたタイル装飾だ。鹿や孔雀《くじゃく》などの動物が生き生きと描かれている。

ひときわ目立つ美しい建物。

フードコーナーはいつも賑わっている。写真を撮りたいならば閉店間際がねらいめだ。

　フードホールはお茶、コーヒー、チョコレート、ゼリー、肉や魚などの生鮮食品、アルコール、高級食料品を求める人であふれている。最近ではシングルオリジンティーという単一農園のお茶の取り扱いにも力を入れている。ダージリンの農園別の紅茶など、通常のスーパーマーケットには置かれない特別なお茶がティーコンシェルジュの説明付きで購入できる。以前はフードホール内にティールームが併設されていたが、近年はコーヒー人気にその場を奪われてしまったのは紅茶好きには少々残念だ。

　紅茶のほか、毎年楽しみにしているのが〈クリスマスベア〉だ。一九八六年にデビューしたクリスマスベアは「ハロッズの店内には、あちらこちらにテディベアが住んでいる」そんな言い伝えを元に、ハロッズに来店する子どもたちを楽しませるためにプロデュースされた。クリスマスベアには名前がつけられており、左足にはハロッズのロゴと年号の刺繍が施されている。クリスマスベアは、八月後半になるとヒースロー空

頭上のタイルに注目してほしい。

ロイヤル・ドルトン製のタイルは人気で、レプリカが販売されたことも。

港内のショップでも取り扱いが始まるので、本店に行けなくても空港で手に入れることができる。

二〇二四年、ハロッズはナイツブリッジ移転から一七五年を迎えた。英国では記念年は二五年ごとに祝う習慣がある。記念にプロデュースされたお茶は、緑茶ベースだった。一八四九年当時は中国茶が主流だった

お茶の量り売りコーナー。稀少価値の高いお茶を扱う。ハワイ島のお茶や南米のお茶なども。

ハロッズのオリジナルグッズを扱う売り場はいつも混雑している。ぬいぐるみや、文房具、バッグなどもある。

〈ハロッズベア〉は大人にも子どもにも大人気だ。

175周年を記念してリリースされた記念缶。

夜のイルミネーションも美しい。

ことに由来してだろう。

ハロッズに興味がある方にぜひ観てほしいのが二〇一八年に公開された映画〈ピーターラビット〉だ。ピーターの宿敵、そして友人となる青年がハロッズの従業員という設定のため、デパート内でロケが行われている。ハロッズがロケを許可することは珍しいそうだ。

火事の災難から復活したカティサーク。

5

カティサーク

Cutty Sark

「軽快に走る大型帆船＝クリッパー」、一八五〇〜六〇年頃に一世《いっせい》を風靡《ふうび》したのが、三本マストの快速帆船だ。一九世紀に入り、英国では東インド会社の茶の独占時代が終焉《しゅうえん》を迎え、茶貿易は民間に開放された。貿易が自由化されると、中国から英国までの運送期間をどれだけ短くできるかが、商売の焦点となる。

そうしたなかで、注目されたのが快速帆船であった。鉄のフレームに木の外板を張った、細い流線型の船体に、高い三本のマスト、合計すると約一六二〇平方メートル以上の帆を装備した快速帆船は、ティークリッパーと呼ばれた。一八五〇年一二

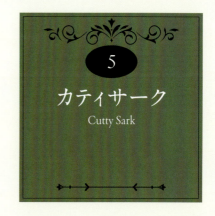

月、ティークリッパー「オリエンタル号」は香港を出てから九五日という記録的なスピードで、ロンドンに到着した。新茶を一番早く英国に運んできた船には賞金が出るようになり、好成績をあげた船会社には翌年の契約を取りたい紅茶商が殺到した。人びとのクリッパーに対する注目に目を付けた商人のなかには、一番着の船を当てる賭けを取り仕切る者まで現れる。数か月に及ぶ海のレースは、数々のドラマを生み出した。

なかでも一八六六年五月に中国を出発したレースは、歴史に残るものだった。九月六日の朝、テムズ河口の港で待機していた人びとの前に現れたのは、エアリエル号だった。湧き上がる歓声のなか一〇分後には、テーピング号が、数時間後にはセリカ号が続いた。

これらのクリッパーが中国・福州《ふくしゅう》の港からロンドンまでの航海に要した日数は九九日であり、その差が一〇分というのだから、そのレースの白熱ぶりが想像できる。レースは最後に大どんでん返しが待っていた。クリッパーは、無風では走行できないため、川に入ってからは、タグボートと呼ばれる小さな船に引っ張ってもらう必要がある。このタグボートとの接続がうまくいかず、一位のエアリエル号が、ゴール直前でテーピング号にその座を奪われてしまっ

かつての紅茶貿易の賑わいをイメージした大きな絵。

茶箱を使ったディスプレイ。英国紅茶の歴史が学べる。

貿易国である中国に関する展示コーナーも。

たのだ。しかし、テーピング号の船主、船長は、この勝利をエアリエル号と分かち合うことを提案、賞金は折半された。このスポーツマンシップは、英国中で賞賛される。テムズ河沿いにあるショッピングセンター、ヘイズ・ガレリア付近が当時、紅茶の荷揚げをしていた場所だ。

英国にはティークリッパーと名付けられた薔薇がある。クリッパー交易で財をなしたフレデリック・ホーニマン没後一〇〇年を記念して交配された。ホーニマン家はフレデリックの父の時代から茶商を始めた。一八二六年、あらかじめ計量し包装、封をした「包装茶（パッケージティー）」を販売したことで、話題を呼んだ。フレデリックは得た財産で、「ホーニマン博物館」を開設。彼の趣味であった剥製《はくせい》動物の標本、世界の楽器やお面のコレクションなどを無償で人びとに公開した。もちろんティールームではおいしいホーニマンティーが飲める。ロンドンの中心部からバスまたは電車で一時間ほどの場所にある。近くに万国博覧会のクリスタルパレスが移転されたクリスタルパレスパークがあるので、そちらとあわせて観光してみるのもおすすめする。

ロンドン郊外のグリニッジには現存する最後のティークリッパー「カティサーク号」が展示されている。カティサーク号は一八六九年にスエズ運河が開通し、茶の運搬が蒸気船に移行しはじめた時代に誕生した。八回参加したクリッパーレースでは、

船員たちが使っていた陶器のティーセット。人気のウィローパターン。

カティサークの船首、妖精ナニーの飾り。こちらはレプリカで本物は船内に展示されている。

船首の飾りを展示したコーナー。バラエティにとんだデザインはクリッパー全盛期を回顧させる。

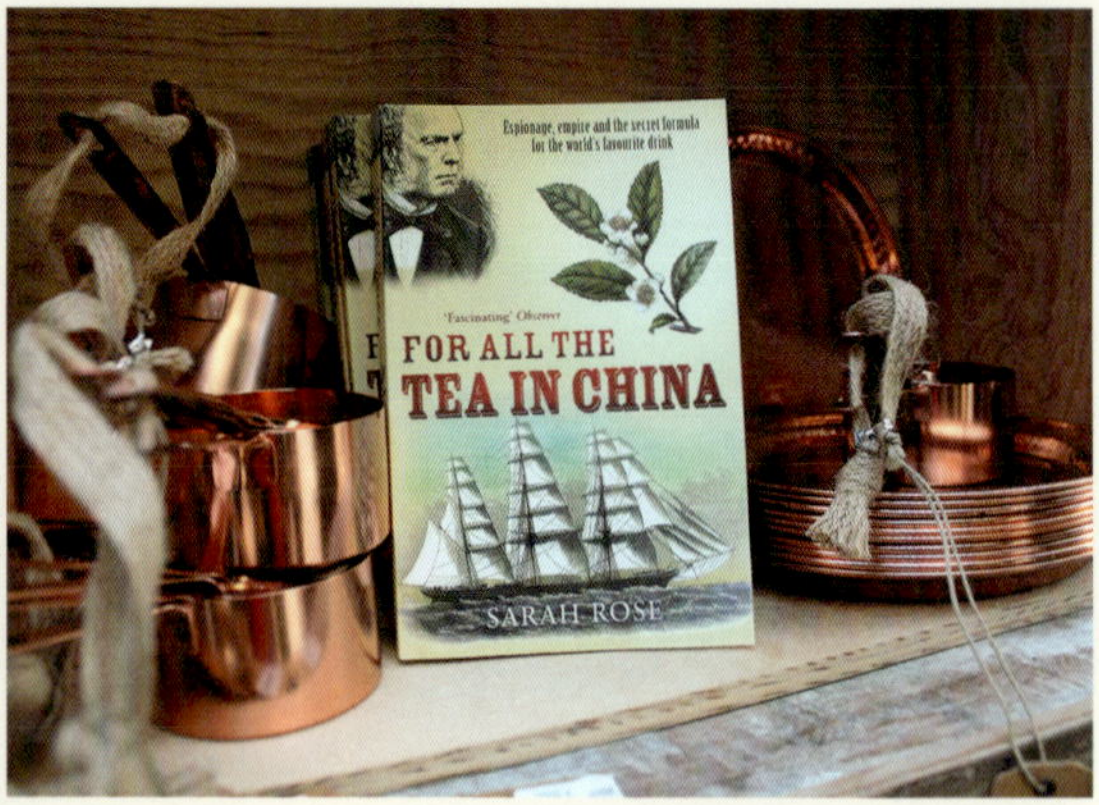

ミュージアムショップにはクリッパーに関する資料も多く販売されている。

ホーニマン博物館。子どもたちで連日賑わっている。

最短輸送期間の記録の更新も、優勝もできなかったが、人びとはこの船を特別に愛した。その理由はシュミーズ(下着)を意味する「カティサーク」というネーミングと、その船首につけられたシュミーズ姿の妖精ナニーの飾りであった。

ナニーは、一九世紀のスコットランドの詩人ロバート・バーンズの詩に登場する妖精だ。ある晩、シュミーズ姿でダンスをしていたナニーは酒飲みの青年に姿を見られてしまう。ナニーは、怒り青年の後を追いかける。しかし、最後の最後で青年を逃してしまう。水が苦手なナニーは、川を渡って逃げた青年を追えなかったのだ。水嫌いのナニーがいれば、船が浸水しない、そして青年を追いかけて必死で走るナニーのように、この船が速く走るよう、カティサークにはそんな想いが込められた。

カティサークは茶貿易での役割を終えると、ウールクリッパーとして働き、一度は外国籍になるも一九五四年グリニッジに移され、保存展示されることになった。そんなカティサークに悲劇が訪れたのは二〇〇七年五月のことだ。カティサークの船体より火災が発生し、船の一部が消失してしまったのだ。この貴重な文化財産を助けようと英国中から寄付が集まり、二〇一二年五月、ロンドンオリンピックにあわせ、カティサークは再び公開されることとなる。

現在船内は英国の茶貿易をテーマにした博物館となっており、クリッパーのことはもとより、英国紅茶の歴史を知ることもできる。

グリニッジには「国立海洋博物館」もある。こちらでは、東インド会社の茶貿易の歴史にもふれることができるので、ぜひ立ち寄ってほしい。

ティークリッパーの名がついた薔薇。

今は小さな公園だが、かつてを思わせる並木道などが再現されている。

6
ヴォクソール・プレジャー・ガーデンズ
Vauxhall Pleasure Gardens

ヴォクソール駅をおりてすぐのところに〈ヴォクソール・プレジャー・ガーデンズ〉がある。かつてロンドン中の人びとを魅了したヴォクソール・ティーガーデンズの跡地だ。公園の前には、簡略化した公園の歴史の看板が立っている。

　ティーガーデンは別名プレジャーガーデン、喜びの庭とも呼ばれた。初期のヴォクソール・ティーガーデンズはフランスのプレジャーガーデンを模倣した庭園で、入場は無料であった。庭園内には遊歩道や茶が楽しめる東屋、果樹園などがあった。ここを有名にしたのは、一七二八年からオーナーとなったジョナサン・タイヤーズだ。彼は入場料を有料にする代わりに、庭園に大改造を施した。噴水や人工の滝を設え、何千もの中国風のランタンを木につるし、人びとを楽しませた。オーケストラの演奏は闊歩《かっぽ》する人びとの目線に入らない地下に作られるこだわりようだった。一八五九年に閉鎖されるまでの間、花火の打ち上げ、気球の発着場として多くの人びとを楽しませるまさに喜びの庭であった。

　一九〇〇〜二年にロンドン留学をしていた夏目《なつめ》漱石《そうせき》もヴォクソールに

ヴォクソール・ティーガーデンズの解説が書かれた立て看板。

ティーガーデン時代は子どもたちが動物にふれあえるコーナーもあった。その名残で小さな動物園が運営されている。

降り立っている。

喫茶園というと公園の中に興行物や茶店があって、音楽も聞ければ、ぶらぶら歩きもできる。先づ浅草の奥山に似て今少し万事上品なものと思われる。是れは重に当時の上流社会の人達が行く所である。中に最も有名なのが二つある。ヴォクソールとラネラーである。前者は当時の文学書に断えず引合に出て、大規模の大きな物の様に思われる。是れは一九世紀の始めに取り払われた。私が洋行した時之を見たいと思って居ったが、ある時ヴォクソールと云ふ所を通って見ると、極めて汚ない街で公園の様なものは毫も見当たらなかった。

戦後ヴォクソールは、低所得者用の住宅が建ち並ぶ地域となった。町の再建の際に、かつてのプレジャー・ガーデンズの跡地に、小さな公園〈スプリング・ガーデンズ〉が作られた。二〇一二年、公園は〈ヴォクソール・プレジャー・ガーデンズ〉と改名された。

そんなヴォクソール・プレジャー・ガーデンズの向かいにおすすめのティーハウスがある。〈ティー・ハウス・シアター〉だ。二〇一一年にオープンしたこちらのティーハウスは朝から夜まで営業しているため、旅の途中でも立ち寄りやすい。内装はカントリーサイドのティールームを彷彿《ほうふつ》させるようなクラシックスタイル。

紅茶もリーフティーできちんと淹れてくれる。ここ最近は朝に立ち寄ることが多いのだが、フルイングリッシュブレックファスト、ケジャリー、クランペットなど、英国的な朝食が楽しめる。朝からスコーンやケーキをオーダーできるのも嬉しい。ビッグサイズのケーキは、それ一つで朝食になってしまいそうだ。

シアターを名乗るだけあり、夜は劇場に早変わりする。ホームページを見ると、さまざまな催し物のリストが載っているので、時には演目を目的にうかがうのもいい。ちなみにこちらのティーハウスを知ったきっかけはヘンリー八世の劇を上演していたからだ。

ィー・ハウス・シアター。晴れた日は外でもお茶ができる。

中央奥、一段上がった場所が舞台となる。

フードもとてもおいしいので、ぜひ訪れてほしい。

アデレイド王妃の肖像画とキャディボックス。

ウィリアム４世の肖像画とスターリングシルバーのティーセット。

7
ケンジントン宮殿
Kensington Palace

紅茶が英国で愛されるきっかけを作ったのは、やはりヴィクトリア女王だ。英国人の父ケント公を幼少期

ケンジントン宮殿は現在もロイヤルファミリーの住まいとして活用されている。

アン女王の即位記念に作られたオランジェリー。

ダイアナ妃の銅像が建てられた庭園。

ケンジントン宮殿オリジナルのヴィクトリアサンドウィッチケーキ。

に失い、英語の喋れないドイツ生まれ、ドイツ育ちの母に育てられたヴィクトリアは一八三七年に即位するまで、ケンジントン宮殿での閉ざされた生活を余儀なくされた。時代的にはドイツでも茶文化が栄えていたが、ヴィクトリアの母は茶を好まなかったようだ。

即位したその日、女王となったヴィクトリアが使用人に最初に命じたのは「ティータイムの準備」だったとか。それは母親の支配から完全に逃れたことの証明だった。女王となったヴィクトリアは住まいをバッキンガム宮殿に移したが、ケンジントン宮殿はその後も王室関係者の住まいとして受け継がれている。宮殿内にはキャディボックスやティーポットなど茶道具の展示もある。王族の誰かが愛用していたものなのかもしれない。

ケンジントン宮殿には、一七世紀スチュアート朝時代に使用された〈クローゼット〉と呼ばれる小部屋が現存している。そこはアン女王のお気に入りの部屋でもあった。建物に廊下が作られていなかったスチュ

両面をカリカリに焼いたスコーンはぜひ味わってほしい。

〈マフィンマンティーショップ〉は近隣にお勤めの人にも人気の場所だ。

アート朝時代、部屋と部屋は扉のみでつながっていた。大階段から離れた部屋ほどプライバシーが守られたため、女王の私的な茶会は寝室やクローゼットがその舞台となった。アン女王は幼なじみのサラ・ジェニングスを寝室付き女官にし、二人だけの茶会を楽しんだ。残念ながらその友情は途切れてしまうが、別れの修《しゅ》羅《ら》場《ば》もクローゼットだったというのは皮肉だ。

ケンジントン宮殿の庭にはアン女王が即位記念に建てさせたオランジェリー（温室）がある。女王はそこでたびたび茶会を催したそうだ。二〇一八年から大規模な修復に入っていたオランジェリーは、二〇二四年春に再オープンしている。アン女王がお茶を楽しんだ空間でのアフタヌーンティーは紅茶好きにはたまらないひとときになることだろう。

ケンジントン宮殿オリジナルのブレンドティーは紅茶にレモンやグレープフルーツなど柑橘類《かんきつるい》をブレンドしたものである。それらは長くオランジェリーで大切に栽培されていた果実に由来している。

紅茶はオンラインショップ〈Historic Royal Palaces〉で購入することもできる。ケンジントン宮殿、バッキンガム宮殿、ハンプトン・コート宮殿、ウィンザー宮殿のオリジナルグッズも同じサイトで取り寄せが可能だ。送料は二〇二四年の秋時点で三〇ポンドかかるが、多数の宮殿の魅力的な商品が日本で手に入るならば検討の価値があるだろう。

ケンジントン宮殿に近くに、いつくかティールームがある。よく訪れるのが〈マフィンマンティーショップ〉だ。いつも混んでいるが、人の流れも速いので、予約なしでもOKだ。定休日がないのもありがたい。

さまざまな英国菓子が食べられるが、まずは定番のスコーンをおすすめしたい。スコーンは、二つにカットされた状態で両面をカリカリに焼いて提供される。両面カリカリのスコーンは食べたことがなかったので、最初は驚いたが、食べてみるとこれが何ともおいしく新たな発見となった。お菓子は持ち帰りも可能なので、ケンジントン・ガーデンズでピクニックも楽しめる。

帝国戦争博物館の中庭には大きな大砲がシンボルとして据えられている。

食品配給手帳。軍事専門のアンティーク市でも取引される。

8

帝国戦争博物館

Imperial War Museum

紅茶を求めてまさかこんな場所に行こうとは！　そこは〈帝国戦争博物館〉である。ヴィクトリア朝時代、インドやスリランカでの茶産地の開拓を進めた英国人は、二〇世紀に入ると東アフリカ諸国にその開拓の手を広げた。安価な紅茶が市場に流れると、貧困層の家庭にもお茶の時間を楽しむ習慣が浸透した。そんななか起きたのが、第一次、第二次と二度にわたる世界大戦であった。

輸入品である紅茶がいつもどおりに食卓に届くことは、人びとの安心につながる。実際には、遠いアジアでの紅茶栽培、輸送のルートを確保するなど、とても困難なことであった。しかしそれらのルートが守られていることは、「戦況が有利に働いている」証拠にもなる。「戦場で弾薬を切らしても紅茶は切らさないように」、そんなスローガンもあったとか。

ただもちろん戦時下、尽きることなく紅茶があるわけではない。そのため政府は小麦粉やパン、砂糖、塩と同様に紅茶を配給食品の一部に指定した。五歳以上の国民には週に五五グラムの紅茶が配給された。最前線に立つ兵士にはより多くの茶葉が支給されたという。そんな戦時中の

紅茶をテーマにして戦争終結を願う当時のポスター。

食品の価格をまとめた表。

１週間分の配給食品の例。紅茶もある。

ティーカーの前で紅茶を楽しむ兵士。

ティーカーのミニカー、限定で販売されたレアものだ。

配給食品の資料や、実際に使われていた配給手帳、当時の台所の再現など、配給がどのような流れで行われていたのか、そんなすべてがわかるのが帝国戦争博物館なのだ。

この博物館には、ＹＭＣＡ（キリスト教青年会）が所有していたティーカーの資料もある。ティーカーは戦車並みの防御《ぼうぎょ》を施された移動式の紅茶配給車だ。町中はもちろん、時には海を渡ったフランスにも出動し、前線の兵士たちに温かい紅茶を届けた。帝国戦争博物館に保管されている当時の写真には、ティーカーのまわりに集い紅茶をおいしそうに飲む人びとが写されている。

残念ながらティーカーは戦時下でほとんどが破壊されてしまった。現存しているティーカーはウースターシャーにあるカントリー・ハウス「クロームコート」に保管されている。第二次世界大戦中、クロームコートの一部に空軍の秘密基地があったことに由来しているそうだ。動いているティーカーを見に、クロームコートに旅をする！　新しい旅の目標ができた。

王侯貴族から芸能人まで、英国に貢献した人物の肖像画が並ぶ。

9

ナショナル・ポートレートギャラリー

National Portrait Gallery

ナショナル・ポートレートギャラリーの入り口。

ナショナル・ポートレートギャラリーはロンドン中心地、トラファルガー広場の側に位置するナショナル・ギャラリーの別館、肖像画専門の美術館だ。英国の歴史や文化に影響を与えた人物の肖像画、彫刻、写真、イラストなどあらゆる形態のポートレートを一五万点以上所蔵し、うち一〇〇〇～一五〇〇点以上を展示している。展示はそれぞれの人物の功績を称えるとともに、それらの人びとに対する見聞を深めることを目的としている。

初めてここを訪れたときは、正直、展示されている一〇〇〇の肖像画のなかで、名前と功績が一致している人物は一〇名にも満たなかったと思う。世界史の教科書で見たエリザベス一世、晩年のヴィクトリア女王、そしてダイアナ元皇太子妃、チャーチル首相、エリザベス二世、ウィリアム皇太子、チャールズ三世……だからこそ、紅茶に興味を持ち、紅茶を愛した人物を知るたびに、このミュージアムを訪れることが楽しくなった。

紅茶好きに外せない人物を数名紹介しよう。

一人目は紅茶の教科書に必ず登場する〈キャサリン・オブ・ブラガンザ〉。ポルトガルのブラガンザ王家から嫁ぎ、英国王チャールズ二世の

喫茶の習慣を英国に紹介したキャサリン・オブ・ブラガンザの肖像画。

王妃となった人物だ。嫁入りの持参金として彼女が持ち込んだ緑茶、砂糖、スパイスは当時の英国宮廷では非常に珍しい品々で、王妃の茶会は歴史に残るものとなる。英国の茶文化はキャサリン・オブ・ブラガンザから始まったといっても過言ではない。そのため、彼女は〈ファースト・ティー・ドリンキング・クィーン・イングランド〉と讃えられた。

二三歳で英国に嫁いだ彼女は、残念ながら王との間に子を残せなかった。そのため、王の愛人、庶子《しょし》を認めざるをえなかった。涙に明け暮れた王妃は、緑茶で心を慰めた……そんな解釈もあるようだが、彼女の生きざまを知ると、決して弱々しいだけの王妃ではなかったようだ。

プロテスタントの国である英国で、頑なにカトリック信仰を貫いたばかりか、信仰を理由に戴冠式《たいかんしき》を拒否したなんてエピソードもある。王と愛人の密会を目撃してしまった際も、「ベッドの下の子猫ちゃん（愛人）が風邪を引かないように、私は退室するわ」なんてジョークを飛ばしたり、愛人に対抗して流行のキャロットスーツ（足首が見えるような露出の多いパンツ）を着て周囲を驚かせたり、気の強い一面もあったようだ。日本でも京都から江戸城に嫁いだ皇女たちが、自らの血筋を誇りに京風を貫こうとしたように、キャサリンもポルトガル王家の血筋を誇りに思い、ポルトガル流の茶会で愛人たちを圧倒していた……そう考えるのも楽しい。

そして日本ではこの名前を知らない人はいないのではないかと思うほど有名な〈アールグレイ〉の肖像画も見逃せない。アール・グレイ・ティーは、柑橘《かんきつ》「ベルガモット」の果皮《かひ》の香りを、茶葉に着香した世界で最も有名なフレーバードティーである。

その名の由来になったチャールズ・グレイは二二歳で野党・自由主義ホイッグ党の庶民院議員に当選し、選挙権を中産階級層に拡大するべく、一票の格差をなくす「議会改革法案」の通過をめざした。しかし、法案は与党議員に否決され続けた。挫折した彼は領地ホーウィックホールにこもる。妻は夫を慕って訪ねてくる議員たちを茶でもてなした。ホーウィックホールの良質な井戸水に合わせ、中国茶と柑橘類の果皮をブレンドした茶のおいしさは評判となった。御用聞きの茶商トワイニング社、ジャクソン社の両社は、のちに自社こそがこのブレンドを担当したと主張しあうことになる。

一八三〇年、海軍大臣と外務大臣を経て、彼は第二六代目の英国首相に任命される。約五〇年ぶりの政権交代に国民は歓喜し、国中で〈アールグレイ〉を讃えるティーパーティーが開かれた。彼の政権下で、東インド会社の中国貿易独占権は完全に廃止され、茶貿易は自由化された。

タイヤーズ一家の肖像画。中央で急須を持っているのは末娘のエリザベス。成人に満たないエリザベスが女主人を務められる器量を得ていることは裕福さの象徴だ。

チャールズ・グレイ伯爵の肖像画。首相に選ばれた記念に描かれた。

以後、国民は質のよい茶葉を安く入手できるようになった。アール・グレイ・ティーは彼が政界を引退した五〇年記念以降、あまたの会社で商品化されたようだ。北イングランドのノーサンバーランドにあるホーウィックホールの館は一度火事で燃え、再建されている。現在、庭と敷地内の礼拝堂が一般公開されている。館の一部を改装した〈アール・グレイ・ティールーム〉で飲むアールグレイは格別だ。

肖像画の中には、〈ファミリーポートレート〉と呼ばれる家族が描かれた作品もある。〈カンバセーション・ピース〉と呼ばれた集団肖像画は、一七六八年に画家ジョシュア・レノルズを会長として起ち上げられたロイヤル・アカデミーにより推奨《すいしょう》された。そこには、いくつかのルールが決められた。「人物が特定できること」「複数の

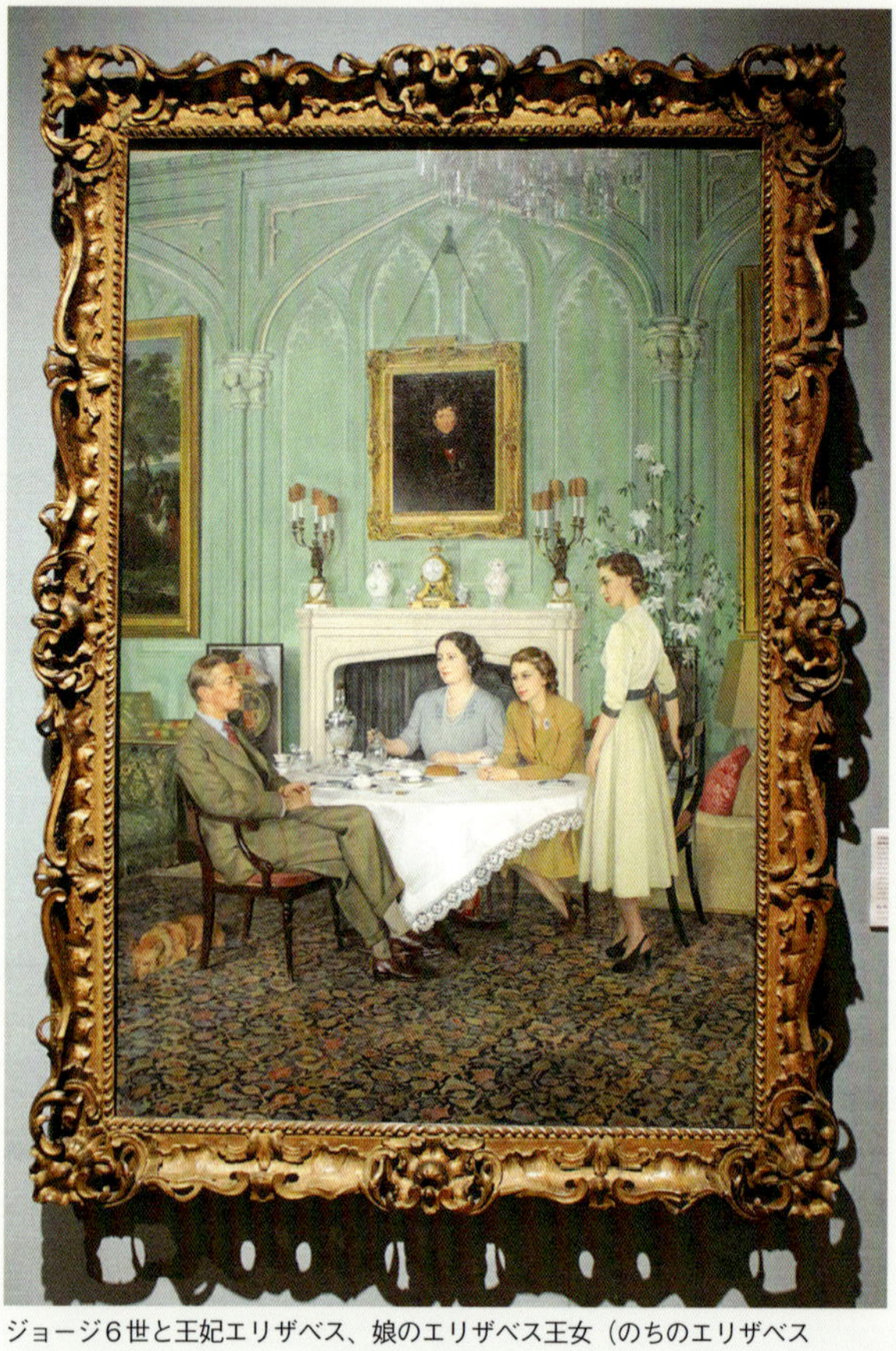

ジョージ6世と王妃エリザベス、娘のエリザベス王女（のちのエリザベス2世）、王女マーガレット。家族4人の私的なティータイムを描いたファミリーポートレート。

人物（家族や集団）が、理想化されず華美に飾りたてない姿で描かれること」。さらに、「私的な場に飾ることを目的とし、寸法は小さめであること」「画中の少なくとも一部の人物が、会話を交わしているか、なんらかのコミュニケーションを行っている様子で描かれること」、「背景に画中人物の生活環境が詳細に描かれること」。

ヴォクソール・ティーガーデンズを開いた、ジョナサン・タイヤーズのファミリー・ポートレートもあるので、ぜひ注目してほしい。もちろん一家は家業である紅茶を楽しんでいる。

展示の後半には、ジョージ六世と王妃エリザベス・ボーズ＝ライアン、長女エリザベス王女（のちのエリザベス二世）、次女マーガレット王女のファミリーポートレートもある。ウィンザー城でのティータイムのシーンを描いたポートレートだ。

数年に一度このミュージアムを訪れると、知っている人物が少しずつ増えたことを実感でき、とても嬉しい。

最上階にはアフタヌーンティーが楽しめるレストランもある。セントポール大聖堂を眺めながらのアフタヌーンティーはホテルよりはお値段も優しいので、初心者にもおすすめだ。

10 ナショナル・ギャラリー

National Gallery

ナショナル・ギャラリーは一三世紀半ばから一九〇〇年までの作品二三〇〇点以上を所蔵している世界でも類を見ない巨大美術館だ。レオナルド・ダ・ヴィンチ、フェルメール、ティツィアーノ……巨匠の絵画を楽しみつつ、ぜひ探していただきたいのが、一八世紀イタリアを代表する景観画家カナレットの〈ロンドン、ラネラーのロタンダの内部〉だ。

ロタンダとは円形の建物をさす言葉である。そんなロタンダで一躍有名になったのが、一七四二年にチェルシーにオープンしたラネラー・ティーガーデンズだ。チェルシー地区は高級住宅街のため、このティーガーデンは「他のティーガーデンより高級で排他的、国内最高のリゾートで品のよい家族が集まる」とガイドブックに紹介されたそうだ。

ラネラー・ティーガーデンズは冬でも楽しめるように直径約五〇メートルのロタンダを有した。ロタンダの中央には大きな暖炉が設置され、なだらかな屋根にはシャンデリアも吊るされた。内部には壁に沿って五二個のボックス席が設置され、ゲストたちはそこで茶や食事を楽しめた。

ナショナル・ギャラリーは１日いても時間が足りないくらいの名画であふれている。

ラネラー・ティーガーデンズのロタンダを描いたカナレットの作品。細部までよく見ると、ボックス席などが見て取れる。

絵の中にはそんなありし日のラネラーを満喫《まんきつ》する人びとが詳細に描かれている。

ラネラー・ティーガーデンズは一八〇三年に閉園した。ロタンダは一八〇五年に取り壊され、その跡地では毎年五月に世界的に有名なチェルシーフラワーショーが開催されている。

一枚の絵から得る感動は人それぞれだ。この絵から得た感動は宝物となっている。

19世紀に作られたティーカップたち。

11

ポートベローロードマーケット

Portobello Road Market

ロンドン最大のアンティークマーケット〈ポートベロー〉は、ここ一〇年で大きく変化している。本物のアンティークを取り扱う店は年々減り、ヴィンテージ、そして現代物の土産品を売る店、カフェなど、観光客受けする店が幅をきかせてきている。それでも、ポートベローがロンドン最大のアンティークマーケットであることに変わりはない。

紅茶好きがまず注目するのは、ティーカップを扱う店だろう。日本で購入するよりも値付けが安いのが英国ならでは。ただし日本人受けするような完品に近いアンティークだけでなく、陥入《かんにゅう》やヒビ、欠けなどがある商品も多々あるため、金額だけに踊らされず状態をきちんと確認することが大切だ。また英国ではどんなに高額なアンティーク品を購入しても、日本のように丁寧に梱包《こんぽう》をしてくれることは皆無だ。購入を目的に訪れる際には、緩衝材《かんしょうざい》やエコバッグなどの持参は必須だ。

仕事上アンティーク販売も手がけている私たちだが、今はオンラインの買い付けがメインで、現地でアンティーク品を購入することは少ない。そのため、ポートベローで購入するものは、販売品というよりは教室の教材、資料に近いものが多い。

なかでも楽しみにしているのが昔の新聞や雑誌など紙もののアンティーク品との出会いだ。ポートベローのなかにも、古書を専門に扱う店、新聞記事を主力に扱う店、地図専門店など、さまざまな分野のアンティーク屋がある。紅茶を愛した王侯貴族のポートレート、さまざまな紅茶、陶磁器ブランドの販促広告、新聞に掲載された紅茶関連の事件や出来事などなど。数ポンドで購入できるものから、一〇〇〇ポンドに近いものまで、まさに宝探しだ。

ポートベローの周辺には、英国菓子が楽しめるお店も多くある。最近のお気に入りは二〇二一年にオープンした英国初のスコーン専門店〈チーキースコーン〉だ。実は英国にはスコーンだけを扱うお店はない。チーキースコーンは常に一〇種類近いスコーンの販売を行っている新しいタイプの店だ。客層は若く、ほとんどの人が紅茶ではなくコーヒーをオーダーしていた。持ち帰りも可能だ。事前にオーダーして教室のレッスン用に大量に持ち帰りをしたこともある。おいしいとても好評だった。ポートベロー周辺は家賃が高いため、店の入れ替わりがとても速い。スコーン屋の前にはカップケーキの専門店があった。ある意味今の流行がわかる地域なのだ。

毎週土曜日に開催されるアンティーク市は地元の人から観光客まで多くの人びとで賑わう。

ヴィクトリア女王を描いた1840年代の油絵。額の美しさに心惹かれ思い切って購入。

チーキースコーンでは10種類近いスコーンが販売される。シナモン風味のアップルクランブルスコーンがおいしかった。

戴冠の日に、チャールズ３世とカミラ王妃が出入りした入り口。観光客が集まっている。

12

ウエストミンスター寺院

Westminster Abbey

ウエストミンスター寺院に保管される〈聖エドワードの椅子〉、この椅子は紅茶のパートナーともいわれる英国菓子スコーンと密接に関係している。スコーン好きにはぜひ訪れてほしいスポットだ。

もちろん世界遺産に指定されている寺院なので、見所は満載だ。詳細は他のガイドブックにお任せし、ここでは、スコーンと聖エドワードの椅子の話だけをしたい。

スコーンの名前は、スコットランドの古都パースにある「スクーン宮殿」に由来する（これとは別に、スコットランドの古い言葉ゲール語のスゴーン、一口大という言葉に由来するという説も）。ケンウッド・ハウスを所持していたマンスフィールド卿の住まいだ。スコーンの形も、この宮殿にある「石」に由来する。

スクーン宮殿の歴史は修道院から始まった。修道院に保管された〈スクーンの石〉は、スコットランド王が戴冠の際に腰をかける特別な石で、〈運命の石（The Stone of Destiny）〉と呼ばれていた。一二九六年、イングランド王のエドワード一世は、スコットランドに戦を挑み、スクーン修道院から重さ約一五〇キロもあるこの石を戦利品としてイングランドに持ち帰った。エドワード一世はこの石を収納するための椅子を作るよう命じた。

石がはめ込まれた椅子は一三九九年、ヘンリー四世の戴冠式《たいかんしき》より使用される。イングランド王がこの椅子に腰を下ろして戴冠することは、ス

壮大なウエストミンスター寺院の内部。

コスマテスクの舗装がされた床に置かれる聖エドワードの椅子。1953年にエリザベス２世が戴冠した際は、絨毯で覆われた状態だったそうだ。聖エドワードの椅子にはめ込まれたスクーンの石。

コットランドを支配することを示したのだ。椅子は「聖エドワードの椅子」と呼ばれるようになり、これまで二七人の君主が座り、王冠を受けてきた。スコットランド国民にとって、この椅子は屈辱と怨念《おんねん》の象徴となり、イングランドと合併後もたびたび返還が求められてきた。一九五〇年のクリスマスにはスコットランドのグラスゴー大学の学生四人が、ウエストミンスター寺院から石を盗む事件を起こした。石は翌年、八〇〇キロ離れたスコットランドの寺院で発見され、一九五三年のエリザベス二世の戴冠式には再び使用された。

一九九六年、石はやっとスコットランドに返還される。ただし、今後も英国王の戴冠時には石を貸し出すという条件付きだった。二〇二三年のチャールズ三世の戴冠式の際、石はエディンバラ城で儀式を行ったあと、徹底したセキュリティのなかでロンドンに運ばれた。

カシの木で作られた聖エドワードの椅子は、「コスマテスクの舗装」と呼ばれるモザイク細工の床の中央におかれる。モザイクの床は中世に敷かれた歴史的なもので、普段は絨《じゅう》

戴冠式の中で最も神聖な儀式が、「塗油」だ。聖なる油を国王の体に塗布する。儀式は非公開となっており、聖堂内のゲストからもテレビカメラからも見えないように、美しい刺繍が施された囲いのなかで行われた。

スコットランドのパースにあるスクーン宮殿。

かつてスクーンの石が置かれた場所には現在レプリカの石が展示されている。

毯《たん》で覆われてその姿を見ることはできない。国王は椅子に座り、正面の主祭壇に正対する形をとる。これによって、儀式の宗教性が強調されるのだ。

五月六日の戴冠式後、椅子は石がはめ込まれた姿のまま数週間ウエストミンスター寺院で公開され、月末にはエディンバラ城に戻された。そして二〇二四年四月以降は、パース博物館で展示されている。

さまざまな背景を持つスコーンだが、決して特別な食べ物ではなく、今では家庭菓子の代表となっている。ただし食べる際には、玉座の石に由来したちょっとしたマナーがある。まずスコーンの割り方だが、スコーンは、手で横に二つに割る。縦に割ることは「王に対する反逆」とされタブーだ。スコーンと一緒にサーヴィスされるナイフは「ティーナイフ」「スコーンナイフ」と呼ばれ、クロテッドクリームやジャムをぬるためのものなので、刃先は丸い。英国を旅していて、ティールーム、ホテルのラウンジ、一般家庭、スコーンを食べるときに先の尖ったナイフを出されたことはない。ちょっとしたことだが、知っていると楽しい知識だ。

なんとタイミングのよいことか、二〇二三年五月、たまたま渡英しておりウエストミンスター寺院で公開されていた石がはめ込まれた状態の聖エドワードの椅子を見ることができた。次に椅子に石がはめられるのは、ウィリアム皇太子の戴冠式、再びこの姿を肉眼で見られる機会はないかもしれないと思うと非常に貴重な機会だった。

巨大なパーム・ハウス。なかには英国の気候では育たない植物が生育されている。

13

キューガーデン

Kew Gardens

ロンドン南西部のキューにある王立植物園、キューガーデンは、一七五九年に宮殿に併設された熱帯植物を集めた庭園として始まり、世界最大の植物園となる。二〇〇三年には世界遺産に登録された。

最も有名なのはパーム・ハウスと呼ばれる大温室だ。この建物ができたのは一八四八年で、その後世界各地に建てられた数多くのグラス・ハウス（ガラス張りの建築物）に大きな影響を与えた。パーム・ハウスの中にはヤシやソテツをはじめ、シナモンなど香辛料の木、たばこ、コーヒー、サトウキビ、ゴムの木などさまざまな植物が大切に育てられている。その中にはもちろん茶の木もある。これらはただ美しい観葉植物ではなく、商業的植物として活用された。研究された植物は、その後世界に広がる大英帝国の植民地で栽培され、英国に巨万の富をもたらした。

キューにはもう一つお茶好きに見てほしいスポットがある。それは「マリアンヌ・ノース・ギャラリー」だ。マリアンヌ・ノースとは、ヴィクトリア朝に世界中を旅して各地の植物を描き続けた女性だ。一八七五年から、マリアンヌはシンガポール、ボルネオ、ジャワ、セイロン（現・スリランカ）、日本へ旅した。描かれ

温室内はまさに南国だ。

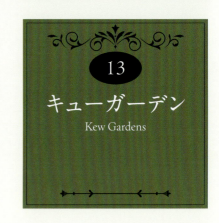

壁面が絵画で埋め尽くされたマリアンヌ・ノース・ギャラリー。圧巻の空間だ。

た絵の中には茶畑の風景もある。一八八二年にオープンしたこのギャラリーには、彼女による植物画が八三二点、展示されている。この中からぜひ茶畑の絵を探してほしい。

王室の別邸キュー・パレス、パゴタなども一見の価値があり、広大なキューガーデンを網羅《もうら》するには一日ではとても足りない。日本語の解説本も出ているので、行きたい場所、見たいものを整理して欲張らずに楽しみたい。もちろん、無計画に、庭園の自然美、出会った植物の美しさを愛でるもよし。毎年一一月半ば～一月上旬のクリスマスシーズンは、夜の庭園がライトアップされる「イルミネーション・トレイル」も開催される。最新のイルミネーション技術と植物とのコラボレート。夜の庭園散策もおすすめだ。

キューガーデンに来たならば、ヴィクトリア・ゲートから徒歩五分ほどのところにある、一八五〇年創業の老舗ティールーム〈ニューエンズ〉にもぜひ寄ってほしい。ヘンリー八世の好物だったメイズ・オブ・オナーというお菓子で有名な店だ。

ヘンリー八世は、この菓子を気に入りすぎて、レシピを宮殿の鉄の箱に隠したという逸話も残っている。

インドネシア、ジャワ島の茶畑が描かれている。
ぜひ見つけてほしい。

王が隠したレシピは、現在ニューエンズのみに継承されている。バターをたっぷりと使ったサクサクのパイ生地と、しっとり焼き上げたチーズのフィリング、オリジナル・メイズ・オブ・オーナーはここでしか食べられないため、訪れる価値は大きい。

おすすめは伝統的な朝食、そして夕方にオーダーできるセイボリーハイティー。セイボリーハイティーは、サンドウィッチ、キッシュまたはパスティー、ミニソーセージロール、ショートブレッド、ホールケーキなどはテイクアウトも可能だ。

実はニューエンズの二階にはB&Bもある。ニューエンズでの飲食が割引価格で楽しめる特典付きだ。いつか泊まってみたい宿の一つである。

18世紀にジョージ３世の母オーガスタ皇太后が建てたパゴダ。

ロイヤルファミリーの最も小さな住居とされるキュー・パレス。

セイボリーハイティー。ソーセージロールがおいしい。

名物メイズ・オブ・オナー。持ち帰りも可能だ。夕方に行く場合は、あらかじめメールでとりおきをお願いしておくとよい。

ニューエンズの２階はB&Bになっている。

1745年の中産階級の居間を再現。午後の茶会が開かれる予定の居間をメイドが掃除しているシチュエーションだ。

食器棚は木の表面にニスと釉薬を何層にも塗った漆風の装飾がされている。なかにはブルー＆ホワイトの茶器が収納されている。

14

ミュージアム・オブ・ザ・ホーム

Museum of the Home

ミュージアム・オブ・ザ・ホーム（旧・ジェフリー・ミュージアム）は、ロンドンのホクストンにある一八世紀に建てられたグレードI指定の旧救貧院《きゅうひんいん》を利用した博物館である。生まれ変わった博物館では「ホームとは何か」という問いかけを追求する。ホームとは家族の絆《きずな》を深める場であったり、祈りの場であったり、安全を保障する場であったりする。

住居をテーマにしたミュージアム・オブ・ザ・ホーム。

1790年のダイニング。食後の時間だろうか。テーブルの上にウェッジウッド窯のポットがおかれている。

コーヒー豆をひいているようだ。後ろにはコーヒーアンと呼ばれる抽出した液体を保存する容器が置かれている。コックをひねって、思い思いにコーヒーを楽しんだのだろう。

その中の「時代とともに変化する部屋（Rooms Through Time）」は、ジェフリー・ミュージアム時代から継続されたセクションであり、過去四〇〇年にわたる中産階級の人びとの家のメインの部屋が再現されている。その中には、もちろんティータイムのシーンもある。今後はさまざまな経済状態や環境を持つ人びとの暮らしも紹介していくらしい。

「時代とともに変化する庭（Gardens Through Time）」のエリアでは、一六世紀の整形式ガーデンから、現在のグリーン・ルーフ（ビルの屋上や家の屋根に植物などを植え、緑化させた屋根のこと）までのガーデンを再現している。庭も、もちろんホームの一部だ。

英国では庭も家の一部と考えられている。家の窓からどのような庭が見えるのかも重要視されている。

第2章

ロンドンで楽しむ
カントリー・ハウス

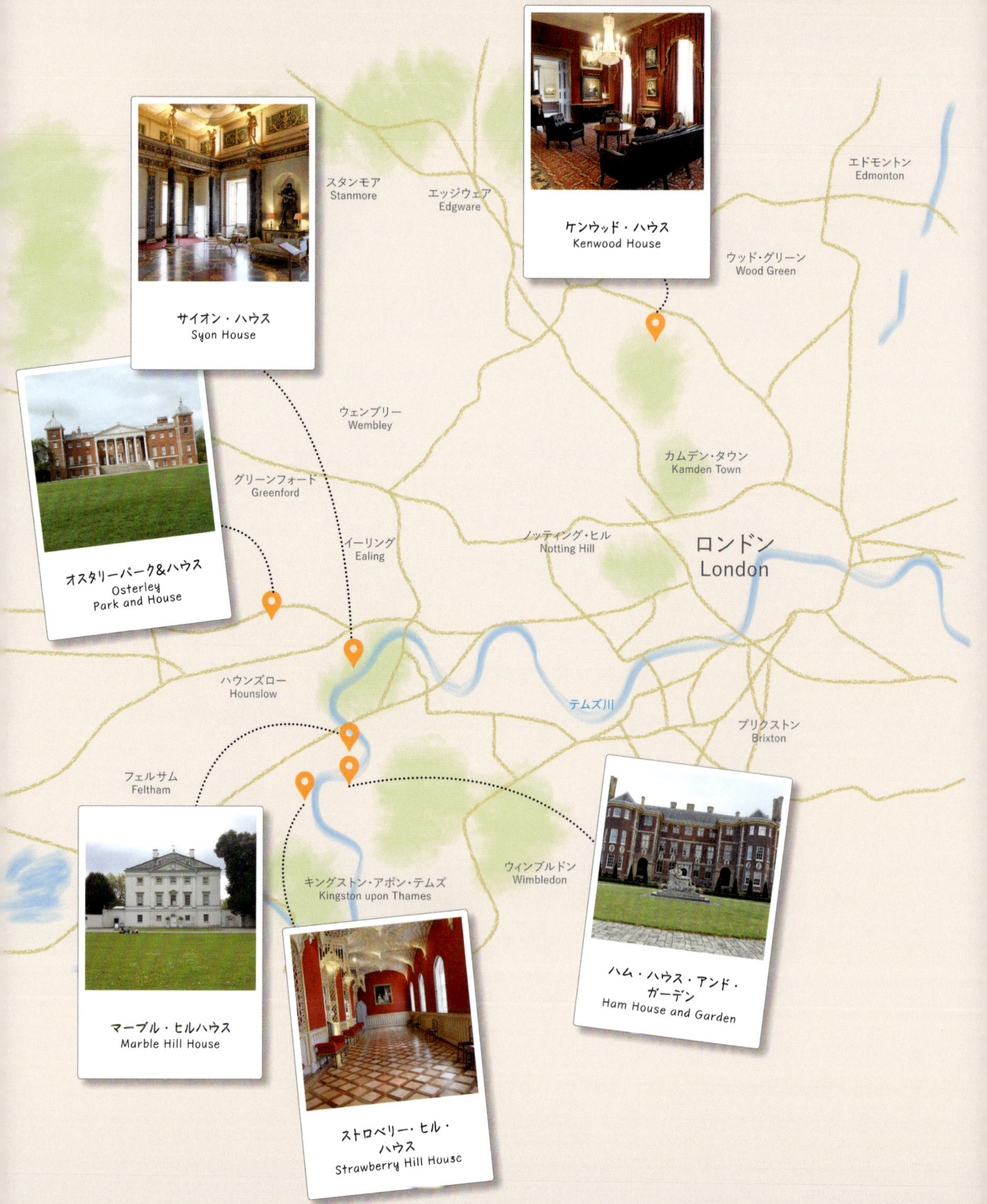
ケンウッド・ハウス
Kenwood House
サイオン・ハウス
Syon House
スタンモア
Stanmore
エッジウェア
Edgware
エドモントン
Edmonton
ウッド・グリーン
Wood Green
ウェンブリー
Wembley
カムデン・タウン
Kamden Town
グリーンフォード
Greenford
オスタリーパーク&ハウス
Osterley
Park and House
イーリング
Ealing
ノッティング・ヒル
Notting Hill
ロンドン
London
ハウンズロー
Hounslow
テムズ川
ブリクストン
Brixton
フェルサム
Feltham
ウィンブルドン
Wimbledon
キングストン・アポン・テムズ
Kingston upon Thames
マーブル・ヒルハウス
Marble Hill House
ストロベリー・ヒル・ハウス
Strawberry Hill House
ハム・ハウス・アンド・ガーデン
Ham House and Garden

カントリー・ハウスの魅力

アフタヌーンティーの文化発祥の地が〈カントリー・ハウス〉だと聞いたことはないだろうか。カントリー・ハウスとは英国の貴族たちが築き上げた荘厳《そうごん》な屋敷をさす言葉である。

18世紀、英国の上流階級の子息たちの間で、ヨーロッパ周遊をする「グランド・ツアー」が大流行した。ツアーの目的は、国際人を養成することだった。政治、外交、軍事の世界で要職につくことを期待されていた彼らは、さまざまな人物、場所、文化、芸術にふれ、ギリシャ、ローマの彫刻やルネサンスの名作への感銘とともに帰国をする。そしてローマやギリシャで学んだ新しい建築・庭園技術を披露《ひろう》するために、新たな邸宅の建築を始める。このような私的な館がカントリー・ハウスなのだ。

〈アフタヌーンティー〉発祥の場

英国を代表する紅茶文化アフタヌーンティーは1840年頃に開花した。その発案者は第７代ベドフォード公爵夫人アンナ・マリアである。彼女は1837年に即位したばかりのヴィクトリア女王の寝室付き女官を４年務めた人物だ。

職務引退後、公爵夫人は、夫とともに招かれたベルボア城で、なかなか始まらない晩餐《ばんさん》の待ち時間に耐えきれず、使用人に命じ客室に茶を持ってこさせた。添えられてきたバター付きのパンで空腹を満たす経験をした夫人は、自身のカントリー・ハウス、ウーバン・アビーでも17時のティータイムを定番化した。

彼女はドローイングルームと呼ばれる応接間に、サンドウィッチや焼き菓子などの軽食とお茶を用意し、泊まり客にふるまった。実はベドフォード公爵は、先代からの借金返済のため、節制した生活をしていたそうだ。そのため晩餐に招く人の数を制限し、反対に17時のアフタヌーンティーの時間は多くの来客を受け入れ、くつろぎの場所を提供した。公爵の政治仲間、公爵夫人から宮廷の四方《よも》山話《やまばなし》を聞きたい女性たち。ウーバン・アビーのアフタヌーンティーはカジュアルなもてなしの場として、人びとに受け入れられた。

19世紀後半になると英国の経済は、農業から鉄鋼や炭鉱などの工業に移り変わる。力を持った中産階級者たちのなかには、貴族さながらのカントリー・ハウスを建築する者も現れる。しかし19世紀末、アメリカ大陸に鉄道が走るようになると、アメリカから大量の安い穀物が英国に輸入されてくるようになり、カントリー・ハウスの資金源となっていた農地から得られる収入は激減する。相続税の導入、高所得者への付加税も彼らの財政を苦しめた。

さらに、第一次世界大戦時、多くの跡継ぎを失った館主たちは、短期間に数度の継承を余儀なくされ、相続税の支払いに困窮し、屋敷の維持を諦める者も続出する。敷地の一部、時にはすべてが売却されるケースも増えていく。

このような文化財の崩壊を防ぐために、慈善団体ナショナル・トラスト、英国政府により設立されたイングリッシュ・ヘリテッジなどの団体が、館の保護活動に尽力している。

カントリー・ハウスは郊外に建てられることが多いのだが、ロンドン市内にも複数存在している。アフタヌーンティーが楽しまれた邸宅を堪能《たんのう》してほしい。

テムズ川に面した、屋敷の正面入り口。彫像は「Old Thames」と呼ばれるテムズ川の象徴だ。

1

ハム・ハウス・アンド・ガーデン

Ham House and Garden

一六一〇年に建設された〈ハム・ハウス〉は一六二六年、チャールズ一世から寵臣《ちょうしん》ウィリアム・マレーに贈られる。しかし、一六四二年の清《せい》教徒革命《きょうとかくめい》により、国王は立場を追われる。ウィリアムは妻キャサリンにハム・ハウスを託し、王とともに戦いに挑む。しかし王党派は戦争に敗れ、チャールズ一世は一六四九年、斬首《ざんしゅ》されてしまう。

皇太子は大陸に亡命、ウィリアムも従うこととなる。残された妻キャサリンと娘のエリザベスは、議会による没収から邸宅を守った。キャサリン亡きあと、エリザベスは共和政府と良好な関係を保ちつつも、ひそかに皇太子の王位復帰運動を支援する。一六六〇年の王政復古《おうせいふっこ》後、エリザベスは新国王チャールズ二世から巨額な年金を授与され伯爵に取り立てられる。その後夫を亡くしたエリザベスはチャールズ二世の寵臣と再婚、公爵夫人となる。エリザベス亡きあと、ハム・ハウスは彼女の子どもに受け継がれ、一九四八年ナショナル・トラストに寄贈された。

ハム・ハウスを訪れたきっかけは、宮廷喫茶文化を広めたキャサリン・オブ・ブラガンザが、ハム・ハウスの女主人エリサベスに招かれ、茶をともにしたという歴史に惹かれたからだ。王妃の夫である国王を皇太子

階段の手すりの装飾が見事だ。

美しいタペストリーがはえる応接間。タペストリーが傷まないように室内は暗く保たれている。

ロング・ギャラリーには一族の肖像画や、自慢の調度品が展示されている。

中央はチャールズ2世の肖像画。

東洋磁器のコレクションは17世紀の流行であった。

時代から支えた一家は、王家にとっても特別な存在だったのだろう。王妃は訪問の折、東洋で作られた小さな急須《きゅうす》を下賜《かし》する。急須は以後、ハム・ハウスの家宝となる。

ハム・ハウスには国王チャールズ二世の肖像画も飾られている。この時代、臣下が勝手に王の肖像画を描くことはできなかった。王から下賜されてこその肖像画。王との特別な関係を示すその肖像画は、ロング・ギャラリーの最も目立つ場所に飾られている。

キッチンガーデンを見渡せるティールームも楽しみの一つだ。ナショナル・トラストのティールームならではのこぶし大の大きなスコーンは、都心にいながら田舎にいる気分にさせてくれる。

紅茶の淹れ方も大胆で、以前はティーポットにティーバッグをいれて提供されていた紅茶が、最近ではマグカップにティーバッグが入ったまま手渡される。硬水圏のロンドンでは、ティーバッグは引き上げないのが普通だ。しかしこれが飲みにくい。飲むたびにティーバッグが口に入る。熱湯を

チャールズ２世妃キャサリン・オブ・ブラガンザからエリザベスに贈られた急須。

ハム・ハウスの女主人となったエリザベスの寝室。

キッチンガーデンにはハーブや野菜が植えられている。

緑のクローゼット。ミニチュア絵画は水彩で描かれていることが多いため、光に弱い。人を案内するとき以外は、カーテンで覆っているそうだ。

併設のティールームは室内、外、どちらでもお茶ができる。マグカップの中のティーバッグが見えるだろうか。

注いでくれるので、ある程度の風味は抽出《ちゅうしゅつ》されるが、できればきちんと蓋をして蒸らしてほしいなと思う。

移民が増えたロンドンでは最近このように、茶の淹れ方の基本がおろそかになっている場所が増えてきている。少々寂しい気持ちにもなるが、日本も緑茶の淹れ方を知らない若者が増えている現状を思うと、他国のことはいえない。しかしながら、素晴らしい館を観て、美しい庭園を見ながらのティータイムは、お茶の味以上の満足感が得られる。おいしい紅茶とは、紅茶の味だけでなく、どこで、誰と、どんな会話をしながら楽しんだのか……それもまた大切だということだろう。

2
マーブル・ヒルハウス
Marble Hill House

一七二四年に建設された〈マーブル・ヒルハウス〉はハム・ハウスの対岸にあるカントリー・ハウスだ。ハム・ハウスから庭園のなかを少し歩き、川が見えたら一ポンドの渡し船に乗り、対岸に渡る。森を抜けると驚くほど広い芝生と白いマーブル・ヒルハウスが見える。

ハム・ハウスとマーブル・ヒルハウスの行き来は小さな渡し船で川を渡るといい。

　小さな入り口の扉をくぐると、そこはミュージアムショップになっている。目につくのは、表紙に美しい女性があしらわれた山積みになった本だ。マーブル・ヒルハウスはジョージ二世の愛妾《あいしょう》だったヘンリエッタの邸宅だ。当時、王に見初められることは、一家の繁栄を約束された。

館の周囲には緑が広がっている。サイクリングコースとしても人気。

　皇太子にはヘンリエッタの他にも複数の愛人がいたが、思慮深いヘンリエッタは皇太子妃とも良好な関係を築き、特別な寵愛《ちょうあい》を得ることに成功する。

　一七二三年、ヘンリエッタは国王より、自身の年収の四〇倍もの装飾品・美術品を下賜される。「ヘンリエッタが、夫からの干渉を受けずに生活できる何らかの備えと手段が整えられるように」との意図だった。

　一七二四年ヘンリエッタはマーブル・ヒルハウスの土地を購入、建設を開始する。そして夫と正式に別居をした。女性が施工主となって邸宅を建てることは一八世紀では非常に珍しかったため、マーブル・ヒルハウスは建設中から注目を集めた。

アメリカ植民地のプランテーションハウスの標準モデルとなった建物。コンパクトだが品がある。

朝食用のティータイムのセッティング。ブルー＆ホワイトの茶器が美しい。

少人数用のダイニング。穏やかな生活が想像できる。

壁絵は18世紀に流行したシノワズリースタイル。

イマリスタイルのティーセット。

キャビネットには東洋柄のティーセットが収納されている。来客が多いことが想像できる。

2階のホールにも東洋の衝立がおかれていた。

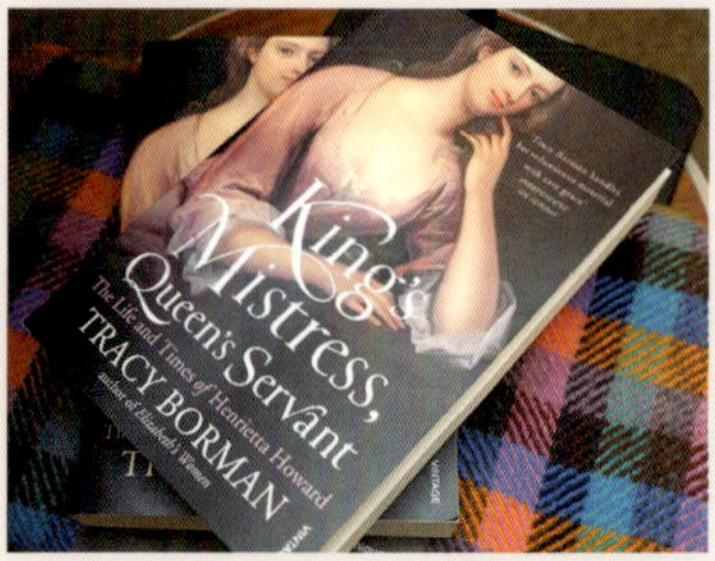

ヘンリエッタの生涯を紹介した書籍。

一七三四年、ジョージ二世の寵愛が若い愛人に移ったことを機に、ヘンリエッタは二〇年にわたる愛妾の座を降り、宮廷を去ることを決める。聡明な王妃からの助言もあり、王からは長年の忠誠に対して莫大な年金を下賜される。夫の死後、心通う相手と再婚も果たす。

ヘンリエッタの去った宮廷に寂しさを覚えた貴族たちは、マーブル・ヒルハウスに集った。「マーブル・ヒルハウスにはケンジントン宮殿よりも大きな宮廷があり、それがいつ終わるかは神のみぞ知る」人びとはまことしやかにささやいたという。

ヘンリエッタの死後、邸宅は彼女の遺族に引き継がれ、一九〇二年にイングリッシュ・ヘリテッジに寄贈される。

館には一八世紀初頭に流行したシノワズリーを取り入れたインテリアがそのまま保存されている。ヘンリエッタが夫とともに楽しんだティータイムの茶器も大切に保管されている。三〇〇年近くの時を経て……ブルー&ホワイトの茶器は一人の女性の憩いのひとときを後世に伝えている。

3 サイオン・ハウス
Syon House

人気英国ドラマ〈ダウントン・アビー〉の脚本家で知られるジュリアン・フェローズが二〇〇二年に製作した〈ゴスフォード・パーク〉や、ネットフリックスのドラマ〈ブリジャートン家〉のロケ地として知られる〈サイオン・ハウス〉は、英国王立植物園キューガーデンからバスですぐの場所にあるカントリー・ハウスだ。

サイオン・ハウスは一四二六年にブリジット修道会の修道院として設立される。しかし一五三九年ヘンリー八世による宗教革命により、修道院は解散を余儀なくされ、建物は王室の所有になる。ヘンリー八世の五番目の妻キャサリン・ハワードが姦《かん》通罪《つうざい》の疑いで逮捕されたあと、二か月半ほど幽閉《ゆうへい》されたのがサイオン・ハウスだった。一五四二年二月、まだ二〇歳にも満たない若さのキャサリンは、処刑のためロンドン塔に移送されることとなる。船に乗る際、彼女は恐怖で取り乱すも無理やり船に乗せられ館を去ったという。

一五五二年、国王は初代サマセット公爵に土地を譲り、現在の建物の基礎が建設される。館はその後、ノーサンバーランド公爵のものとなり、一五五三年には、九日間の女王として知られるジェーン・グレイが、義

数々の映画やドラマの撮影に使われた屋敷へのアプローチ。

チューダー朝時代は女性用の客間として使われたレッド・ドローイングルームにはスチュアート王家とノーサンバーランド家の肖像画が飾られている。天井には239個の円形の絵が装飾されている。

ジェーン・グレイが女王即位を宣告された、ロング・ギャラリー。3000冊の本が並べられている。

グレートホールのデザインはローマンバジリカがベースになっている。人気英国ドラマ〈ブリジャートン家〉のロケ地としても知られる。

12 本のイオニア式の柱が配置されたアンテルーム。柱は1765年に建築家ロバート・アダムがローマで手に入れ、船でサイオンまで運んだそうだ。

父ノーサンバーランド公爵によりサイオン・ハウスで即位宣言をされる。
ヘンリー八世亡きあと、英国では王が改革したプロテスタントの英国国教会と、カトリック教徒の間で争いが激化していた。ヘンリー八世の長男エドワード六世はまだ幼く、病弱であったため、彼の亡きあと王位に就くのは、王の異母姉、熱心なカトリック教徒メアリー王女とされた。エドワード六世の後見ノーサンバーランド公爵は、自らの権力と英国国教会を守るために、エドワード六世に王位継承者選定の草案を作成させる。ヘンリー八世時代、一度「庶《しょ》子《し》」という立場に追いやられた異母姉メアリー王女とエリザベス王女を、再び「庶子」とさせ、ヘンリー八世の妹を祖母に持つ、ジェーン・グレイを後継者に指名させたのだ。さらに、ジェーン・グレイを自身の息子と結婚させる。

一五五三年七月九日、まだ一五歳だったジェーンは、義父ノーサンバーランド公爵に呼び出され、テムズ川からサイオン・ハウスに入った。ロング・ギャラリーには、公爵、夫、ジェーンの両親、彼らを後押しする貴族たちが待ち構えていた。彼らはいっせいにジェーンの前に跪《ひざまず》く。「国王エドワード六世陛下が崩御《ほうぎょ》なさいました。陛下は生前、貴女様を次期女王に定める遺言を遺されました。女王陛下万歳！」

ノーサンバーランド公爵の言葉に狼狽《ろうばい》したジェーンは反論する。「そんなはずはありません。次期国王はメアリー王女です。私ではありません」。しかし少女の反論は「ジェーン女王陛下、万歳！」の声にかき消された。

ジェーンはこの運命の夜、そのままサイオン・ハウスに滞在。翌朝船でロンドン塔内の王宮に「英国初の女王」として入る。ところが九日後、事態は急転する。正式な王位継承者を主張するメアリー王女の即位が議会に認められるのだ。エドワード六世が作成した王位継承者選定書は「草案」の段階であり、議会はそれ

ヴィクトリア女王は幼少期、ノーサンバーランド公爵夫人を家庭教師にしていた縁で何度かサイオン・ハウスに泊まったことがある。そのときの部屋は「プリンセス・ヴィクトリア・ベットルーム」として大切に保管されている。

お茶を楽しむために作られた小部屋。天井から吊られた鳥かごが印象的だ。

ジェーン・グレイの肖像画。

を認めていなかった。ジェーンは王位簒奪者《さんだつしゃ》として、ロンドン塔を出ることなく翌年、夫とともに処刑された。ジェーンに先立ち義父ノーサンバーランド公爵も処刑されサイオン・ハウスは再び王室所有に戻される。一五五八年にはエリザベス一世が滞在した記録も残っている。

サイオン・ハウスはのちに、チャールズ二世の庶子、新しいノーサンバーランド公爵に譲渡される。一六九二年には、姉王メアリ二世と仲たがいし、宮殿を去った王位継承者のアン王女が、公爵から館を借り受け、一年ほど居住している。

歴史ある建物は一七六二〜六九年にかけネオクラシカル様式の建築家ロバート・アダムにより大改装される。ジェーンが即位を告げられたロング・ギャラリーは、当時は窓が小さく、重厚なオークパネルに囲まれた薄暗い部屋だったが、この改装で明るい女性のための書斎を兼ねたギャラリーに生まれ変わった。館の中には、まだ幼いジェーンの肖像画も飾られている。

サイオン・ハウスは、サイオン・パークの敷地内に建つ。庭には一八二〇年代に完成した大温室〈グレート・コンサバトリー〉もある。このコンサバトリーは、造園家兼建築家ジョセフ・パクストンにより建てられた。パクストンはその後、一八五一年に開催された第一回ロンドン万国博覧会の会場クリスタルパレスの建設も担当する。温室の裏には広大な庭が広がり、その先にテムズ川が流れる。

最近知ったエピソードがある。一八世紀に英国で繰り広げられた「茶論争」に終止符を打つきっかけともなったジョン・コーク・レイ・レットサム医学博士の名著『茶の博物誌』（一七七二年）の表紙になった茶の樹はサイオン・ハウスで育成されたものだそうだ。一七七一年一〇月「ロンドン・イヴニング・ポスト」はサイオン・ハウスの茶の樹の開花をニュースに取り上げた。これはヨーロッパ初の快挙だった。開花した茶樹は英国で最も有名だった植物画家ジョン・ミラーにより手描きされ、一二月に公開された。もしかしたら今でもサイオン・ハウスの庭には茶の樹が残されているのかもしれない。次の訪問時はそんな視点でコンサバトリーや庭を散策してみよう。

数々の歴史の舞台となったサイオン・ハウス。ぜひロンドン観光の一つに加えてみてほしい。

造園家兼建築家ジョゼフ・パクストンにより設計されたグレート・コンサバトリー。

温室の設計者パクストンは、睡蓮の葉の構造から鉄骨とガラスで作る温室建築を考案した。

門から邸宅までは15分ほど。ヒースロー空港が近いため上空を飛行機が行き交う。

遠目に見えてきたオスタリー・ハウス。手前の芝生は無料エリアでピクニックが楽しめる。

階段を上がるとローマの6柱式の柱に囲まれたポーチが。天井の装飾も見事だ。

4 オスタリーパーク&ハウス

Osterley Park and House

ヒースロー空港から、ピカデリーラインでロンドンに向かう途中に「オスタリー」という駅がある。〈オスタリーパーク&ハウス〉は、オスタリー駅から徒歩一〇分ほど、非常にアクセスしやすいカントリー・ハウスだ。

オスタリーの歴史は一六世紀に、トーマス・グレシャムが建てた館から始まる。グレシャムはエリザベス一世の金庫番ともいわれた人物で、エリザベスの弟エドワード六世、姉メアリー一世の代にも王室の財務を担当していた。

一五六四年には、エリザベス一世を招き、盛大な晩餐会を開いている。グレシャム亡きあと、館は一七世紀後半に、チャイルド銀行の創設者チャイルド卿により、借金の抵当《ていとう》として取得される。

一七六一~六五年にかけ、建築家ロバート・アダムによりネオクラシカル様式に改築・拡張された。一九三九年、第九代ジャージー伯爵ジョージ・チャイルドにより一般公開されると、公開後一か月で約一万二〇〇〇人がこの邸宅を訪れたという。第二次世界大戦後、邸宅と公園はナショナル・トラストに寄贈される。

オスタリー・ハウスはロンドン中心部から近いため、映画のロケでも多く使用されている。〈ヴィクトリア女王 世紀の愛〉〈ある公爵夫人の生涯〉〈ミス・ポター〉などなど。

有料ゾーンの庭。エリアごとに植えられている植物が異なる。

花々が咲き乱れている。

小さなコンサバトリー。

18世紀から人工的な手を加えていない草原。

英国映画好きの方であれば、どこかで見たことのある部屋！　と思うかもしれない。

まず、庭を散策してみよう。入り口から館まではほぼ一本道だ。ストレートに延びる道の左右には牧草地帯が広がる。〝ロンドン中心部からほど近いこの場所で牛や馬をこれだけの数見ることができるとは……〟と驚くばかりだ。建物の外観が遠目に見えてくるまで一五分くらいだろうか。建物の正面に広がる芝生まではフリーエリアで、無料で誰でも入場ができる。近所に住まう人びとは、公園代わりに食べ物持参でピクニックを楽しんでいる。時間が許せば、フォートナム＆メイソンやハロッズで惣菜をテイクアウトしてピクニックティーを楽しんでみるのもいい。

建物の裏部分に広がる庭は有料ゾーンだ。こちらはチケットを購入してからの入場となる。庭はテーマ別にいくつかのエリアに別れている。キッチンガーデン、ローズガーデン、コンサバトリーもある。ヒースロー空港が近いので上空を絶えず飛行機が飛ぶのも面白い。

建物の裏正面には、一八世紀から人工的な手が一切加えられていないという草原が広がっている。その草原のまわりをぐるり一周散歩すると、三〇分ほどかかる。天気がよい日に訪れたらぜひ歩いてみてほしい。ここがロンドンだということを忘れる景色が広がっている。

庭を堪能したあとは屋敷の見学に進む。玄関ホールには、ネオクラシカル様式のモチーフが数多く配されている。ここの内装を見ると、ウェ

漆喰装飾パネルが美しい。6枚のパネル扉はネオクラシカル様式の特徴の一つだ。

金の装飾が使われていないホール。左右対称で整然としている。

ロング・ギャラリー。庭に直接出られるようになっている。

アイアン装飾が見事な階段。アダム・グリーンと呼ばれた流行色の壁。

イタリア半島中部の古代エトルリア遺跡からのモチーフやパターンがふんだんに使われたエトルリア・ドレッシングルーム。

ッジウッド窯のジャスパーウェアを連想する方が多いのではないかと思う。ロバート・アダムと同時代を生きた陶工家ジョサイア・ウェッジウッドは、流行の建築様式に影響を受け、その建物の内装にあうようにジャスパーウェアを開発、富と名声を得た。庭に直接出られることが自慢だったロング・ギャラリーには、グランド・ツアーの思い出として、イタリアの風景画が多く飾られている。目を惹くのが、ローマのポンペイを想起させるデザインで彩られたエトルリア・ドレッシングルームだ。まさにポンペイを旅している気持ちにさせられる。

　女主人がゲストとアフタヌーンティーを楽しんだロココ調の部屋もある。ピンクタペストリールームと呼ばれたこの部屋は、特別なゲストだけが入室できたそうだ。建築家ロバート・アダムがとくに力を入れたのが、主寝室だ。四柱ならぬ八柱の天蓋付きベッドは、家主の想像以上の金額となり、あまりの高価さと豪華さにほぼ使われなかったというので皮肉な話である。

　地下エリアの台所も見逃せない。入り口が別なので、つい見学せず帰ってしまいそうになるので、忘れずにチェックしたい。すべての見学を終えたら、馬小屋を改装したティールームでティータイムをしよう。まるでカントリーサイドに来たかのような素朴なスコーン、農家風のスープ

ピンクタペストリールームは4年の歳月をかけて作られた女主人自慢の部屋だ。

やパン。夏の時期はシラバブ、サマープディングなど、英国らしいコールドスイーツを楽しむこともできる。

歩きやすい靴で、少なくとも半日は時間をとって訪れてほしい名所である。

馬小屋を改装したティールーム。

スコーンのサイズもビッグだ。

高額、そして豪華すぎるため実際には使われなかった主寝室だが、「王族が宿泊される場合」用として保管されていたそうだ。

5

ストロベリー・ヒル・ハウス

Strawberry Hill House

〈ストロベリー・ヒル・ハウス〉は他に類を見ないスペシャルなカントリー・ハウスだ。

英国ゴシック・リヴァイバル建築の先駆けとなったストロベリー・ヒル・ハウスは、国内の建築家のみならず、海外の建築家にも多大なる影響を与えたといわれている。

一七四七年、初代英国首相ロバート・ウォルポールの息子ホレス・ウォルポールは小さな館と土地を購入。夢見た中世の世界観をここに再現しようとする。建物の名前を昔の書物からインスピレーションを受け「ストロベリー・ヒル・ハウス」と名づけた彼は、改装するにあたって、審美委員会を発足させ、親しい友人数名とともにプロジェクトに取り組む。扉はカンタベリー大聖堂から、天井はウィンザー城の女王の間から……など、建築のデザインはさまざまなゴシック建築の名所から拝借。個人的な趣味であったアンティーク、ミニチュア、絵画のコレクションを展示する部屋も作り、入室料も設定する。

ウォルポールは二五年近い月日をかけ、ストロベリー・ヒル・ハウスをコツコツと作り上げ、彼の生業《なりわい》であった小説の執筆業にもいそしむ。一七六四年に執筆したゴシック小説『オトラント城』は空前の大ヒット。ストロベリー・ヒル・ハウスには小説のファン、ゴシック建築のファン

ストロベリー・ヒル・ハウスの全景。非公開だが、裏手にはゴシック塔も見える。

エントランスの階段。文献に載っているアンティークプリントに描かれた階段をそのまま再現している。

円形応接室のステンドガラスは、のちのオーナーの手により加えられた。

所々に中世時代の甲冑が飾られている。

アーチの上の透かし彫りになったパネルは丁番（ちょうつがい）で開く。パネリングのデザインは、1666年にロンドン大火で焼失してしまった、再建される前のセントポール大聖堂の扉のデザインを模倣している。

天井はウエストミンスター寺院のヘンリー７世の礼拝堂の模倣。ギャラリーに飾られている絵は、当時は本物だったが現在はレプリカがほとんどだそうだ。

1757年に建物内に設けられた印刷所はストロベリー・ヒル・プレスと呼ばれた。ウォルポールはここで、自身、そして友人の小説や詩作を出版していた。

がひっきりなしに見学に訪れる。ウォルポールは見学者のために、特製のガイドブックを作り、家政婦長にツアーガイドをさせた。館内に印刷所まで作ってしまったというのだから驚きだ。

ウォルポールの死後、邸宅はさまざまな所有者の手に渡り、その内装も変化を余儀なくされる。しかしこのユニークな建物こそ、後世に残すべき文化遺産だという活動が起こり、二〇〇七年、約五年かけ大規模な修復プロジェクトが行われ、ウォルポールの愛した当時の姿が復活する。ウォルポール・トラストは二〇一五年、ストロベリー・ヒル・ハウスを一般公開した。ウォルポールのあくなき情熱は今も訪問者たちを圧倒している。

ウォルポールはストロベリー・ヒル・ハウスの庭にも情熱を注いだ。館を見学し終わったら、ティールームでホッと一息ついてから、庭の散策もしてほしい。

『オトラント城』とは

舞台はマンフレッド卿の支配するオトラント城。結婚式当日息子が謎の死を遂げる。マンフレッドは家系存続のため息子の婚約者と結婚を決意。しかし婚約者イザベラは地下道を通って城から逃げ出す。逃げる途中、彼女は若い農夫テオドールに出会い、助けを借り逃亡。マンフレッドはテオドールを捕らえるも彼が貴族であることが判明、処罰ができない。そのうえ、テオドールがマンフレッド卿の娘マチルダと恋に落ちるなど複雑な人間関係に。城内では怪奇現象が相次ぎ、古代の予言「城の支配者の交代」が明らかになる。

予言に怯えるマンフレッド卿は誤ってマチルダを殺してしまい、絶望の中で城を去る。

最後にはテオドールがオトラント城の正当な後継者であることが明らかになる。テオドールはイザベラと結婚し、新しい時代が到来する。

6 ケンウッド・ハウス

Kenwood House

ロンドンの高級住宅街で知られるハムステッド・ヒースの北側に建つ〈ケンウッド・ハウス〉はイングリッシュ・ヘリテッジが管理するカントリー・ハウスだ。一七世紀前半に建てられた小さな館を一七五四年、マンスフィールド伯爵が購入。ロンドンの拠点地とする。一七六四〜七九年にかけネオクラシカル様式の建築家ロバート・アダムにより外装、内装ともに完全に改築をされる。

一九二二年マンスフィールド伯爵は莫大な相続税を支払うためケンウッド・ハウスを売却、スコットランドのパースにあるスクーン城に移る決断をした。広大な土地が売り出されると知ると、建て売り住宅を建築する案、付近に鉄道駅が新設されるという噂も生じ、ハムステッド・ヒースには土地開発業者が群がる。ハムステッド・ヒースの貴重な森林、緑地が失われることを危惧した近隣の人びとは、ケンウッド・ハウスと庭の存続を望み募金運動を始めるも、資金が少なく一部の土地しか購入できなかった。

そこに救世主が現れる。一九二五年、フェルメール、レンブラントなど優れた絵画コレクターとして知られたギネスビール社会長のアイヴィー伯爵エドワード・ギネスが、ケンウッド・ハウスと庭の購入に名乗りを上げたのだ。マンスフィールド伯爵はケンウッド・ハウスの家具などをオークションで売却、またはスクーン城に移動させていたため、館はがらんどうの状態だった。これが、

エントランスホールには初代伯爵夫人姉妹の肖像画が飾られている。

ロバート・アダムが改装する前は簡素な煉瓦造りの屋敷だったが、改修によって現在の美しい館に生まれ変わった。

来客用サロンとして活用されることを念頭にデザインされた図書館。天井装飾も素晴らしい。

自らの絵画コレクションを飾る箱を欲していたエドワード・ギネスのニーズとマッチしたのだ。

　鉄道駅の新設予定もエドワード・ギネスの反対により撤回され、ハムステッド・ヒースの緑地は保全されることになった。二年後エドワード・ギネスが亡くなると、その遺言によりケンウッド・ハウスと庭は彼の絵画コレクションとともに国に遺贈され、一九二八年に一般に公開、現在はイングリッシュ・ヘリテッジにより管理されている。

　このカントリー・ハウスに興味を持ったきっかけは二つ。一つ目は世界に三〇数点しかないヨハネス・フェルメールの絵画の一つ〈ギターを弾く女〉が観られること。

　そしてもう一つは、二〇〇七年奴隷貿易廃止二〇〇年を記念してケンウッド・ハウスで公開されたダイド・エリザベス・ベルの肖像画に出会ったことだった。

　ベルの父はマンスフィールド卿の

甥、母は黒人奴隷の女性で、二人は正式な婚姻関係ではなかった。私生児として生まれたベルは、大叔父であるマンスフィールド卿に託される。館には幼くして母を亡くし、卿に引き取られていた一つ年上の又従姉妹のエリザベスがいた。公開された肖像画は、エリザベスとベルが同等に描かれた一枚だった。結婚するまでの三〇年間をケンウッド・ハウスですごしたというベルは、家族として扱われつつも、対外的には存在を隠されていたという。

　その数年後、スコットランド、パースにあるスクーン宮殿で再びこの

室内には所々に椅子がおかれており、くつろぎながら絵画鑑賞ができる。

かつてはダイニングルームとして使われていた一室。左にはレンブラントの自画像。右側にエドワード・ギネスが1889年に手に入れたヨハネス・フェルメール〈ギターを弾く女〉（1672年）が展示されている。

ベルの人生を取り上げた映画作品。

ケンウッド・ハウスで描かれた、ベルとエリザベスの肖像画。今はレプリカが展示されている。

絵と再会し、二〇〇七年の一時、この絵がスクーン宮殿からマンスフィールド卿の古巣であるケンウッド・ハウスに貸し出されていたことを知った。

二〇一三年に公開された映画〈ベル ある伯爵令嬢の恋〉はベルを主人公にしている。映画のストーリーはややフィクションも入っているため、映画の内容＝史実ではないが、英国が抱えていた奴隷貿易の問題や、当時の貴族の価値観など、学ぶことも多い内容だ。紅茶好きには、ティーガーデンが登場する点やティーシーンが多い点も重要なポイントだ。

ケンウッド・ハウスは地下鉄からバスに乗り換える、または最寄り駅から徒歩三〇分ほど歩くなど、正直利便性のいい場所にはない。しかし一度来たら、必ず魅力にはまる邸宅美術館だ。二〇二四年最後に訪れたときは、フェルメールの絵画の前のソファでは二人の男性が、まるで自宅のリビングのようにくつろぎながら小一時間ほど談笑していた。ちなみに館の入場料は無料だ。

個人的には温室の隣にある、馬小屋を改装したティールームもお気に入りだ。このティールームは近所の人もよく利用するのか、犬連れが多い。定番のヴィクトリアサンドウィッチケーキもおすすめだが、夏の時期にここで食べたズッキーニを使ったコジェットケーキは今でも忘れられないおいしさだった。広大なハムステッド・ヒースをすべて散策するには一日では到底時間が足りない。この自然が守られていることは、まさに奇跡だ。

広大なハムステッド・ヒースの敷地。ここがロンドンであることを忘れてしまうような自然風景だ。

温室の隣にあるティールーム。天気のよい日は外でもお茶が楽しめる。

英国菓子のほか、簡単な軽食もある。手前がコジェットケーキだ。

第3章

ストーク・オン・トレント

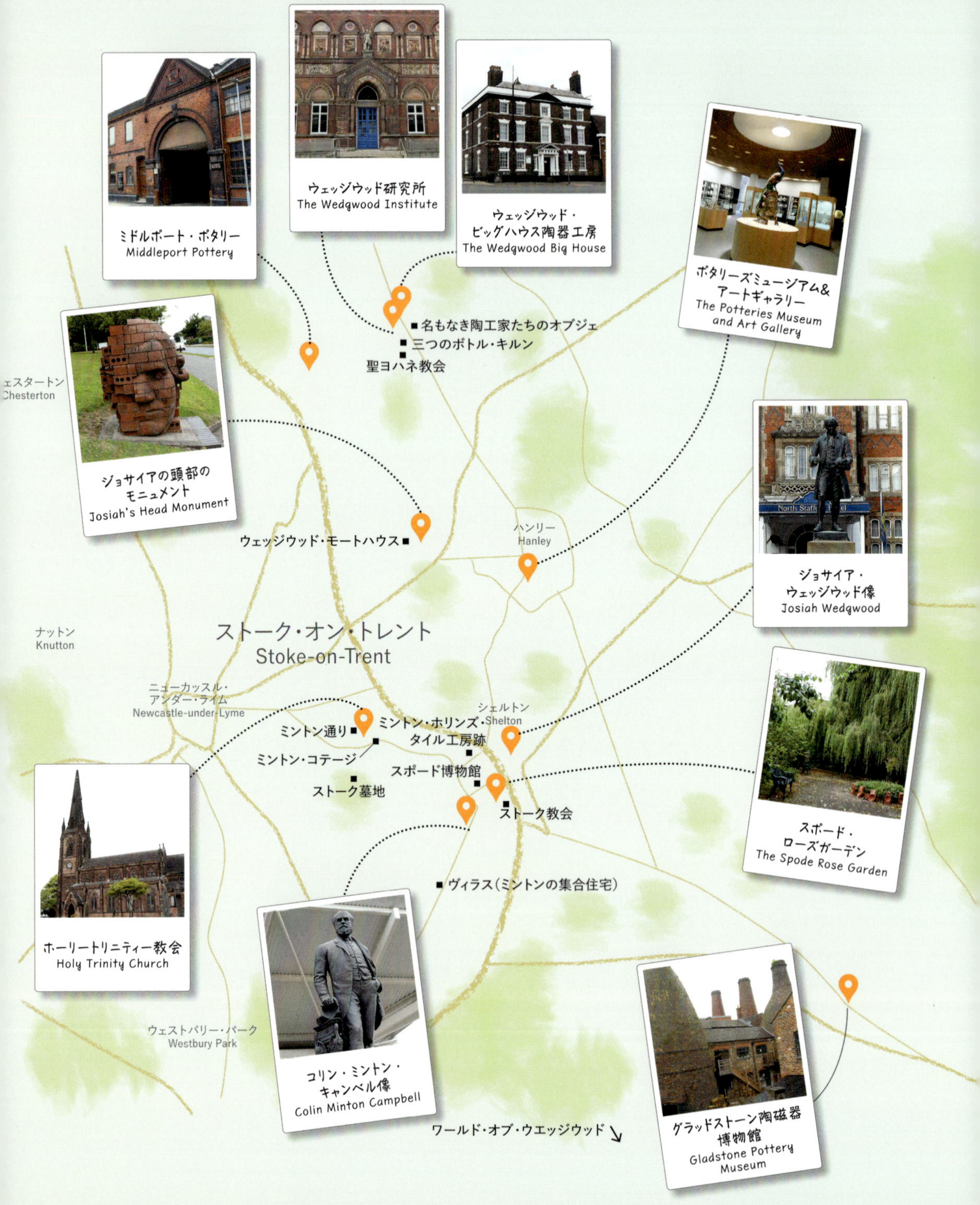

ミドルポート・ポタリー
Middleport Pottery
ウェッジウッド研究所
The Wedgwood Institute
ウェッジウッド・
ビッグハウス陶器工房
The Wedgwood Big House
ポタリーズミュージアム&
アートギャラリー
The Potteries Museum
and Art Gallery
名もなき陶工家たちのオブジェ
三つのボトル・キルン
聖ヨハネ教会
ェスタートン
Chesterton
ジョサイアの頭部の
モニュメント
Josiah's Head Monument
ウェッジウッド・モートハウス
ハンリー
Hanley
ジョサイア・
ウェッジウッド像
Josiah Wedgwood
ナットン
Knutton
ストーク・オン・トレント
Stoke-on-Trent
ニューカッスル・
アンダー・ライム
Newcastle-under-Lyme
シェルトン
Shelton
ミントン通り
ミントン・ホリンズ・
タイル工房跡
ミントン・コテージ
スポード博物館
ストーク墓地
ストーク教会
スポード・
ローズガーデン
The Spode Rose Garden
ヴィラス(ミントンの集合住宅)
ホーリートリニティー教会
Holy Trinity Church
ウェストバリー・パーク
Westbury Park
コリン・ミントン・
キャンベル像
Colin Minton Campbell
ワールド・オブ・ウエッジウッド ↘
グラッドストーン陶磁器
博物館
Gladstone Pottery
Museum

英国中部マンチェスターとバーミンガムのおよそ中ほどに位置する〈ストーク・オン・トレント〉は、ロンドン・ユーストン駅から列車で約1時間半の距離にある。この地域は陶磁器作りに適した豊かな土と、運搬に欠かせない運河などの地形に恵まれていたことから、炭鉱と陶磁器産業で栄えてきた。残念ながら、多くの窯はすでに閉窯してしまい、稼働している窯は少ないが、かつてそこにあったさまざまな窯の軌跡を辿る旅もおすすめだ。ロンドンからの日帰りで往復することも可能だが、個人的にはそれは少々もったいない気もする。陶磁器好きならではの旅を提案しよう。

1
ウェッジウッド
Wedgwood

町の玄関口ストーク・オン・トレント駅の改札を出ると、向かいのノース・スタッフォード・ホテルの前に、〈英国陶工の父〉と讃えられたジョサイア・ウェッジウッドの銅像が立っている。この銅像は一八六三年に建てられて以来、ずっとこの場所にある。

ウェッジウッド窯は、日本では高級磁器窯として知られているが、実は創業時は、労働者階級向けのリーズナブルな食器作りをしている窯だった。陶工家の家に生まれたジョサイアは、幼くして父を亡くし、小学校を中退。兄が引き継いだ工房で徒弟として働くも、天然痘《てんねんとう》の後遺症で足が不自由になり、以後は素地開発などの研究に邁進《まいしん》する。二二歳で兄の元を離れたジョサイアは、いくつかの窯で働いたあと、バーズレムのアイビーハウス工房を伯父から借り受け、一七五九年に起業した。残念ながら現在アイビーハウスは形を残していないが、工房の向かいにあった伯父が経営したビッグハウス陶器工房の建物は、賃貸オフィスとして現存している。通りの名はウェッジウッド・ストリートという。

バーズレムには、彼が洗礼を受けた聖ヨハネ教会、のちにウェッジウッド窯が研究用に使用していた建物も残されている。この研究所は一七六三年初頭、ウェッジウッド窯がアイビーハウス工房の次に所有したブ

聖ヨハネ教会にはジョサイアが洗礼を受けた日の記録が残されている。

ジョサイア・ウェッジウッドは自社の発展だけでなく、運河の誘致、奴隷解放運動でのリーダーシップなど、社会に大きく貢献し尊敬を集めた。

ウェッジウッド窯の研究所。建物は国の重要文化財に指定されている。

ポートランドの壺を左手に持つジョサイア・ウェッジウッド。

アイビーハウスの向かいに建っていた伯父のビッグハウス陶器工房は若いジョサイアにとって憧れだった。

リックハウス工房の跡地に一八六〇年代に建てられた。芸術科学学校、無料で利用できる図書館としても機能した。指定建造物グレードⅡ*に指定されている建物は現在、劣悪な状態のため危機遺産に登録されている。今後の再生のプロジェクトに期待したい。

　建物の中央付近には、陶器の製造工程を描いた一〇枚のテラコッタパネルがある。入り口の上には、ウェッジウッド窯のプロジェクトに関係した三人の人物の肖像画メダリオンが掲げられている。彫刻家のジョン・フラックスマン、科学者ジョセフ・プリーストリー、ビジネスパートナーのトーマス・ベントレーだ。その上に、ジョサイア・ウェッジウッドの像もある。

　バーズレムには、野原のなかに佇む「三つのボトル・キルン」や「名もなき陶工家たちのオブジェ」があるので、時間があったら足を延ばしてみるのもよい。

　一七六一年、ジョサイアは起業前から研究を続けていた白い陶器〈クリームウェア〉を完成させる。クリ

草むらに残された３つのボトル・キルンはかつてこの周辺が陶工業で賑わっていた証だ。

ームウェアとは白い粘土と珪石《けいせき》で作られたクリーム色の素地を素焼きし、鉛の釉薬《ゆうやく》をかけることにより、表面に磁器に似た半透明な質感を可能にした陶器だ。

ウェッジウッド窯の作るクリームウェアは、工程の一部に機械化作業を取り入れることにより、大量生産が可能で、低価格で提供できる優れものだった。品質がよく廉価《れんか》なクリームウェアは、それまであまり食器に関心をもたなかった労働者階級の人びとの生活のなかにも急速に浸透し「実用陶器」の代名詞となる。

一七六五年には国王ジョージ三世の妻シャーロット王妃から、クリームウェアで製作したコーヒー&ティーサーヴィスの注文を受け、出来栄えに満足した王妃より「クィーンズウェア」という特別な名称の使用を許される。ロシアのエカテリーナ二世に納品した「フロッグサーヴィス」は陶器でありながら、世界三大ディナーサーヴィスにあげられるほどの名声を得た。

ジョサイアの親友、ビジネスパートナーのベントレーの手腕で、ウェッジウッド窯はロンドンにもショールームを展開、カタログ販売などにも力を入れた。彼らは上流階級の人々からの注文に対しては、装飾的な鋳型を使い、熟練した職人による細密な絵付けを施すことを徹底した。反対に一般販売される実用品には、シンプルなデザインを採用することによって型取りを容易にして大量生産を推進、手描きの部分をきわめて少なくし、転写法を用いることなど

名もなき陶工家たちのオブジェ。坂道の途中にあった。

でコストを抑える工夫をする。同じクリームウェアでも、手描きと転写、階級により供給する商品に差をつけていったことで、広い層に支持されたのだ。

ヴィクトリア＆アルバート博物館の分室となってからは入場料が無料になったウェッジウッドコレクション。

クリームウェアの成功で開発資金を手に入れたジョサイアとベントレーは、グランド・ツアー帰りの貴族たちが建築しているネオクラシカル様式のカントリー・ハウスに目をつけ、彼らの好む作品作りの研究を始める。ジョサイアはベントレーの紹介で、ギリシャやローマの遺物の画集の刊行をしていたウィリアム・ハミルトン卿の主宰するサークルにも加わり、知識人、教養人との交わりを通して古代美術の認識を深めた。そして古代美術の再現にふさわしい素地〈ジャスパーウェア〉の完成を悲願にする。

ジャスパーとは、石英《せきえい》の一種で、緑、黄、青、褐色などの美しい色彩のヴァリエーションがある鉱物だ。四年あまりに及ぶ一万回近いトライアルを経て、一七七四年にオリジナルの素地ジャスパーウェアを完成させる。古代の土壁を思わせるようなジャスパーウェアは、高温焼成のため、吸水性、透光性がほとんどなく、釉薬をかけなくても水をはじくのが特徴だ。レリーフの部分は、素地と同じ成分の材料で作った粘土を一つ一つ型に入れ、成形し、水で本体に貼り

ウェッジウッド製のタイルで作られたジョサイア・ウェッジウッドの巨大なオブジェ。

エカテリーナ２世は英国庭園を造るほど英国の風景に興味関心があった。フロッグサーヴィスに描かれた美しい英国の名所は彼女を満足させたことだろう。

大衆に愛されたクリームウェアのティーセット。

左は奴隷解放メダリオン。奴隷解放協会のシンボルマークを使用している。右はクリームウェアのジャグだ。

クリームウェアは調理器具としても好まれ、王室や貴族の台所でも大いに活躍した。

ジャスパーウェアの製作工程。こちらは旧工場での写真。新工場は写真撮影は禁止されている。

付けたあと、本体と一緒に一度で焼成する。ジャスパーウェアは一世《いっせい》を風靡《ふうび》していた建築家ロバート・アダムの世界観ともマッチしたため、室内インテリア品として重宝された。

バーラストンに位置する〈ワールド・オブ・ウェッジウッド〉は、工場、ヴィクトリア&アルバート博物館分室ウェッジウッドコレクション、体験工房、正規&アウトレットショップ、ティールーム、レストランなどからなる巨大なセンターだ。ストーク・オン・トレントの駅から、タクシーで二〇分ほどなので、とくに帰路はタクシーを予約しておくと便

セージグリーンの生地に、白生地の馬のレリーフ。
馬のレリーフの細かさに目を見張る。

ジャスパーウェアは、ポンペイ遺跡で装飾に使われていた壁の色（ストーンカラー）を再現した。

4年の歳月をかけて完成したポートランドの壺。底にもレリーフがある。

細かいレリーフを抜くためには繊細な鋳型が必要だ。

1997年より使われているウェッジウッド窯のロゴマーク。ポートランドの壺が中に隠されている。

利である。公共バスも利用できるが、停留所から少し遠く不便ではある。

観光の目安としては工場見学に一時間、買い物に一時間（美しいディスプレイも多いため、見ているだけでも楽しめる）、ろくろ体験、絵付け体験をする場合は一時間半、そして博物館は少なくとも二時間はみておくといいだろう。そこにアフタヌーンティーなども追加すると、一〇時のオープンから、閉館の一七時まで滞在しても充分なくらいのボリュームなのだ。ついつい欲張って、半日ワールド・オブ・ウェッジウッド、半日は他の施設など予定を組みそうなところだが、それではどちらの観

貴重な研究過程の陶磁器の欠片が保管された大きなキャビネット。

ウェッジウッド窯の創業前より取り組んでいたクリームウェアの研究過程のピースたち。科学者のジョサイアらしく、詳細な研究ノートも残している。

ジョサイアの息子の時代から作られたボーン・チャイナ製の磁器。風景は手描きだ。

光も中途半端になってしまう。ロンドンから日帰りであるならば、ここの施設一か所を一日満喫《まんきつ》することをおすすめする。また注意点として、工場見学ツアーは工場が稼働していない週末などは開催していないこと、各ツアーやレストランには人数制限があることがあげられる。幸いホームページから各ツアーなどの予約ができるので、予約しておいた方が確実である。

　博物館には、ジョサイアが作り上げたクリームウェア、ジャスパーウェアのトライアルの痕跡《こんせき》が展示されている。大きなキャビネットの引き出しの中に陳列された、数え切れないほどの破片。それら一つ一つには、窯のどの場所で、何度で焼成した……など詳細な記録が書き込まれている。ジョサイアが記した直筆のレシピも見逃せない。

　一七八六年、ジョサイアは人生最後の挑戦として〈ポートランドの壺〉をジャスパーウェアで再現することに挑む。ポートランドの壺は、紀元前三〇～後二〇年頃にローマのガラス工芸の中心地であったアレクサンドリアで学んだ名匠が作成したとされる、古代ローマンガラスの最高傑作だ。駐ナポリ大使ハミルトン卿により英国へ持ち帰られ、ポートランド公爵夫人の所有物になったことからポートランドの壺と呼ばれるようになる。

　オリジナルのポートランドの壺をイメージした「ポートランド・ブルー」と呼ばれる新しい濃紺の色の開発、ガラスの質感の再現など、作業は想像をはるかに超えるものとなり、

万国博覧会に出展した大作。日本では見ることのできないマジョリカ焼きの作品も多数飾られている。

ダーウィン家に嫁いだジョサイアの娘夫婦のために、息子たちが作った作品。ダーウィン・リリーの名で愛されている。

壺の完成は一七九〇年まで持ち越しとなった。披露されたポートランドの壺は高い評価を得、ジョサイアの遺作となったこの壺は、一八七八年から現在に至るまでウェッジウッド窯のロゴとして使用されることとなる。

博物館には四年のトライアル中に失敗をした壺が複数展示されている。壺の表面が凸凹になってしまったもの、レリーフが剝がれ落ちてしまったもの。陶工家たちの情熱が伝わってくる。

展示は前半、ジョサイア・ウェッジウッドの生涯、彼の人生でかかわった人びとの紹介にもスペースを割いている。王立協会の会員でもあったジョサイアは、科学者としてもさまざまな功績を残している。万国博覧会で展示した大型作品、日本では見ることのできないマジョリカ焼きの作品など見所は尽きない。

二〇世紀のスージー・クーパーをはじめとしたデザイナーズ作品のヴォリュームもすごい。陶磁器を見慣れている筆者でさえ、クラクラしてしまう作品数と部屋数だ。とくにヴィクトリア&アルバート博物館の分室になってからは作品の解説も訪れるたびに細かくされるようになり、より見学に時間がかかる印象だ。

もしも最後まできちんと見たいと思うならば、途中で一度休憩を入れることをおすすめする。見学は無料なので、ティールームでティーブレイクをしてから、見学を再開することもできる。

予約制のアフタヌーンティーはストーク・オン・トレントの相場とし

レストラン兼ティールーム。壁紙やファブリックもウェッジウッドのデザインだ。

予約制のアフタヌーンティー。使用される食器はすべてウェッジウッド製だ。

ては高額だが、ロンドンほどではない。ティーカップ、ティーポットはもちろん、カトラリーなどもすべて自社ブランドで提供してくれる。ティールームの内装に使われている壁紙、ファブリックもウェッジウッドのデザインだ。数年に一度、使われる食器も変わるそうだ。最新のテーブルウェアでのアフタヌーンティーは満足度が高い。

　ジョサイアが生きた時代、ストーク・オン・トレントから出荷される商品は馬車でリバプールまで運ばれた。割れ物である陶磁器の陸路での運搬は困難であり、破損率の高さは陶工家たちの悩みの種だった。ジョサイアとベントレーはストーク・オン・トレントとリバプールを水路でつなぐ、トレント&マージー運河の建築を計画する。地元の陶工家たちの支援も得て、一七七七年運河は開通、陶磁器の運搬コストは八五%も軽減できるようになり、陶磁器産業の利益は飛躍的に伸び、ストーク・オン・トレントの経済は活性化した。

　ジョサイアは運河に面した広大な土地を買い、エトルリア新工場を建てる。そして工場の対岸に自宅と、ベントレーのための家バンクハウスを建築した。また周辺には社員が住める社宅も建てた。ジョサイアの自宅は一八四〇年代に子孫によって売却され、さまざまな人の手に渡り、一九九〇年にクィーンズ・モートハウス・ホテルズによって購入・改装され、現在もヒルトン系列のホテル

トレント＆マージー運河。今は市民の憩いの運河となっている。

ウェッジウッド夫妻が婚礼をあげたアストバリーの教会にちなんだシリーズ。細かい製作工程がわかる。

ジョサイアのかつての住居。ホテルなので泊まることもできる。

旧工場での絵付け風景。総手描きの作品は今では特別な機会にしか作られなくなってしまった。

として営業している。

自宅部分であったエトルリアホールは、八つの会議室を持つホテルの分館になっている。会議室にはベントレーやフロッグサーヴィス納品時ロシア大使を務めていたグランヴィル・ルーソン＝ゴア伯爵、ジョサイアが憧れていた建築家ロバート・アダムなどの名前がついている。廊下には当時のデザイン画や、おしどり夫婦として知られた妻サラの肖像画もある。庭も見事だ。この景色を眺めながら彼が家族とリラックスして

体験工房は予約制だ。事前にホームページで申し込みをするとよい。作った作品は日本に送付してもらえる。

ジョサイアの頭部のモニュメント。なかなかシュールだ。

ホテルの会議室の壁にはウェッジウッドのデザイン画が飾られている。

ストーク・ミンスター墓地。いつ行っても静かな場所だ。

ホテルの廊下に飾られているウェッジウッド夫妻の肖像画。

息子たちが贈った大理石の墓標。

教会内にあるジョサイアの功績を讃えた石版。

いた時間をすごしていたと思うと感慨深い。

近くには一九八六年にストーク・オン・トレントのナショナル・ガーデン・フェスティバルのために製作された彫刻家ヴィンセント・ウォロペイ作の特大の煉瓦から彫られたジョサイア・ウェッジウッドの頭部の巨大なモニュメントもあるので、ぜひ見てきてほしい。

ストーク・オン・トレント駅から徒歩一〇分ほどのところにあるストーク・ミンスター墓地も、ぜひ訪れてほしい。巨万の富を得たジョサイアだったが、彼の望みどおり亡骸は町の小さな教会の墓地に葬られた。

銅版転写技法で作られたブルー＆ホワイトの
食器はスポードの代表作だ。

2

スポード

Spode

スポード窯の創業者ジョサイア・スポードは貧困層の家庭で育った。六歳のときに父を亡くし、生活の糧《かて》にするため小さな陶器工房で丁稚《でっち》奉《ぼう》公《こう》をする。一六歳になった一七四九年、スポードは評判の高かったトーマス・ウィールドンの工房で五年学ぶ。一七五四年には彼とすれ違うような形でジョサイア・ウェッジウッドがトーマス・ウィールドン窯の共同経営者に迎えられる。一緒に仕事をしたのは短期間だったが、二人の関係は長く続いた。

結婚を機に、スポードは将来の起業を視野に入れ、多数の窯で働き仕事の幅を広げていく。そして一七七〇年頃から、自らが焼いた陶器にス

銅版転写に使用されるコバルトの塗料。

海綿やブラシを使用し、器にティッシュを貼り付ける。

専門の職人が彫る銅版。ズシリと重い。

ティッシュはそれぞれの器の大きさに合わせてカットして使用する。

温めた銅版に塗料を塗る。

水で貼り付けるとティッシュは剝がれ絵が写る。

プレス機を通し、ティッシュに絵柄を刷る。

ポードの名前を刻印しはじめる。一七七六年、彼は結婚当初に働いていた窯を買い取り、兄弟子であるジョサイア・ウェッジウッドの提案したトレント&マージー運河に投資もする。運河が完成すると、窯の生産性は飛躍的に伸び、ヨーロッパやアメリカにも販路を拡げられるようになった。

一七八〇年代に入るとネオクラシカル様式が流行しはじめる。スポードの主商品であった東洋趣味から始まったブルー&ホワイトの食器は、最新のインテリアに似合わなくなり、食器の売り上げは停滞する。方向性に悩むスポードにアドヴァイスをくれたのは兄弟子ジョサイア・ウェッジウッドだった。「たしかに上流階級の人びとはネオクラシカル様式に夢中になっているが、まだまだ中産階級の人びとには手が届かないだろう。彼らは上流階級への憧れから、東洋趣味のブルー&ホワイトを求めている。ブルー&ホワイトの食器の人気は、少なくとも君が生きているうちは廃《すた》らないだろう」。

スポードは中産階級から労働者階級層を対象に、より本物の東洋磁器に近い、そして安価なブルー&ホワイトの食器を極めようと決意する。その結果として一七八四年に完成したのが「銅版転写《どうばんてんしゃ》」技法だった。

銅板に彫刻師が絵を彫る。それに青色の発色をするコバルトの無機金属酸化物のインクを刷毛で塗り、石鹸水でしめらせた薄いティッシュと呼ばれる紙に印刷をする。その紙を素焼きした陶器の上に貼り付け、ブラシや刷毛でこすりながら定着させる。釉薬をかけて本焼成すると、紙に転写した図柄が陶器の表面に印刷される。一枚の版から三〇〇枚ぐらいの同じ絵皿が作れてしまうという、

ウィローパターンの象徴、大きな柳の木。

代表作となったブルーイタリアン。

ビジターセンターの見学は無料だ。
2階がブルールームになっている。

植えられている草花がどの器に描かれているのか想像するのも楽しい。

スポードの工場の跡地を使ったローズガーデン。
自由に入れる。

手描きに比べると画期的な技術だった。スポードは銅版転写を使用し、人気だった中国の山水画「ウィローパターン」を商品化する。一八一六年には現在まで続く、縁に東洋柄を配し、中央にローマの風景を描いた「ブルーイタリアン」が生み出される。

　ストーク・オン・トレントの駅から一〇分ほどのところにあるスポード・ローズガーデンはスポードのブルー＆ホワイトの世界観を再現した新スポットだ。遠目から見ても目立つ大きな柳の木は、ウィローパターンの世界を示している。植樹されている薔薇を中心とした数々の花は、すべてスポードの食器に描かれた植物だ。花壇の煉瓦は工場の廃材を使用している。二〇一七年から公開されているこの庭は訪れるたびに美しく成長しており、次の訪問が楽しみになる。

　父の後を継いだスポード二世はウィリアム・コープランドを共同パートナーに迎え、ロンドンでの事業を彼に任せ、物作りに専念する。スポード二世は、父が研究途中にしていたボーン・チャイナの開発に没頭する。一七〇九年、ザクセン王国で、中国由来の磁器製造方法が確立し、大陸ではそのレシピに沿っての硬質磁器作りが主体になっていた。しかし英国では、原料のカオリンが産出できなかったことにより、磁器製造は見果てぬ夢となっていた。

　スポード二世は、先人が開発した牛の骨の灰を材料に加えた軟質磁器のレシピの完成度を高めていく。研究の末、粘土二五%、コーニッシュストーン二五%、牛の骨灰の割合を五〇%というスポード独自のレシピが完成した。一七九九年、スポード窯は、優れた透光性と白さを持つストーク・チャイナ、のちの〈ボーン・チャイナ〉の製品化に成功する。この配合はボーン・チャイナの素地の基本となり、その後多くの窯と共有された。

コープランド時代に作られたボーン・チャイナの作品。

　三代目であるスポード三世が仕事中の事故が原因で若くして亡くなったあと、スポード窯は、一八三三年にその経営をコープランド家に譲渡する。以降、コープランド家の子孫により運営されたこの窯の作品には、その時々の社名の他にコープランド・レイト・スポードという判が押されるようになる。

　北米向きには、モダンでシンプルな作品を。英国の労働者階級に向けてはブルー&ホワイトの陶器を。英国を含むヨーロッパの上流階級、中産階級に向けては、ボーン・チャイナの華やかな作品を。これほど幅広く作品作りをしていた窯はストーク・オン・トレントでも珍しい。

　しかし昔ほど大きな単位で食器を購入する人が少なくなってしまった現在、大衆的な陶器部門と、高級品のボーン・チャイナ部門の両立は経営的にも厳しく、スポード窯は二〇〇〇年にロイヤルウースター窯に買収される。ボーン・チャイナ専用窯であったロイヤルウースター窯と合併したことにより、陶器部門は生産ラインを中国に移すことになった。しかし残念ながら作品の品質は落ちてしまい、二〇〇八年には倒産してしまう。その後、陶器ブランドのポートメリオングループに買収されるも、伝統あるスポード時代の工場は閉鎖を余儀なくされた。

　スポード窯は外資による買収など、窯の経営や作風の変化を予見し、一九八七年から、独立した慈善信託団体スポード・ミュージアム・トラストを設立していた。四万もの鋳型、二万五〇〇〇を超える彫刻銅版と製造された器、七万点ものデザイン画や古文書などをはじめ、古い機械や家具などはトラストにより保管されたことにより、分散を免れた。

　トラストは国内海外さまざまな支

週末は銅版転写技法のパフォーマンスも。何度見ても飽きない。

2階のブルールーム。希望すれば見学させてくれる。事前に予約しておくと安心だ。

援者からの寄付を募り、スポード窯を引退した職員がボランティアとして協力することで、元工場の敷地内にビジターセンターを設立。ボーン・チャイナのコレクションを展示するスポードコレクション、一九世紀に作られたブルー&ホワイトの作品を収納するブルールーム、陶磁器のチャリティーショップ、週末には銅版転写技術のパフォーマンスコーナーなど充実した内容を展開している。

とくにボーン・チャイナのコレクションは必見だ。スポード窯の作品は整理立てて学べる場所がほかにないからだ。スポード時代からコープランド時代まで……作品で窯の歴史が辿れるのはとても贅沢だ。近年、一九世紀に力を入れていたタイル製造のコーナーが付け加えられ、スポード製のタイルが王室の宮殿でも使用されていたことがわかった。

チャリティーショップには国内外から寄付された数々の英国の陶磁器が並んでいる。近代の作品が多いため、金額はとても安い。梱包は簡易なので、購入するつもりで行く方は梱包材の持参を強くおすすめする。なかにはアンティークの作品もある。そういったものは、ガラスの鍵付きのケースに陳列されているので、必要時スタッフに声をかけて見せてもらおう。さすがに高額だが、それでもロンドンで購入するよりは半額に近い。スポード・ミュージアム・トラストでは、スポードの作品の鑑定業も行っている。鑑定料は運営資金

タイル作品。細かい解説もうれしい。

チャリティーショップでの買い物も楽しい。

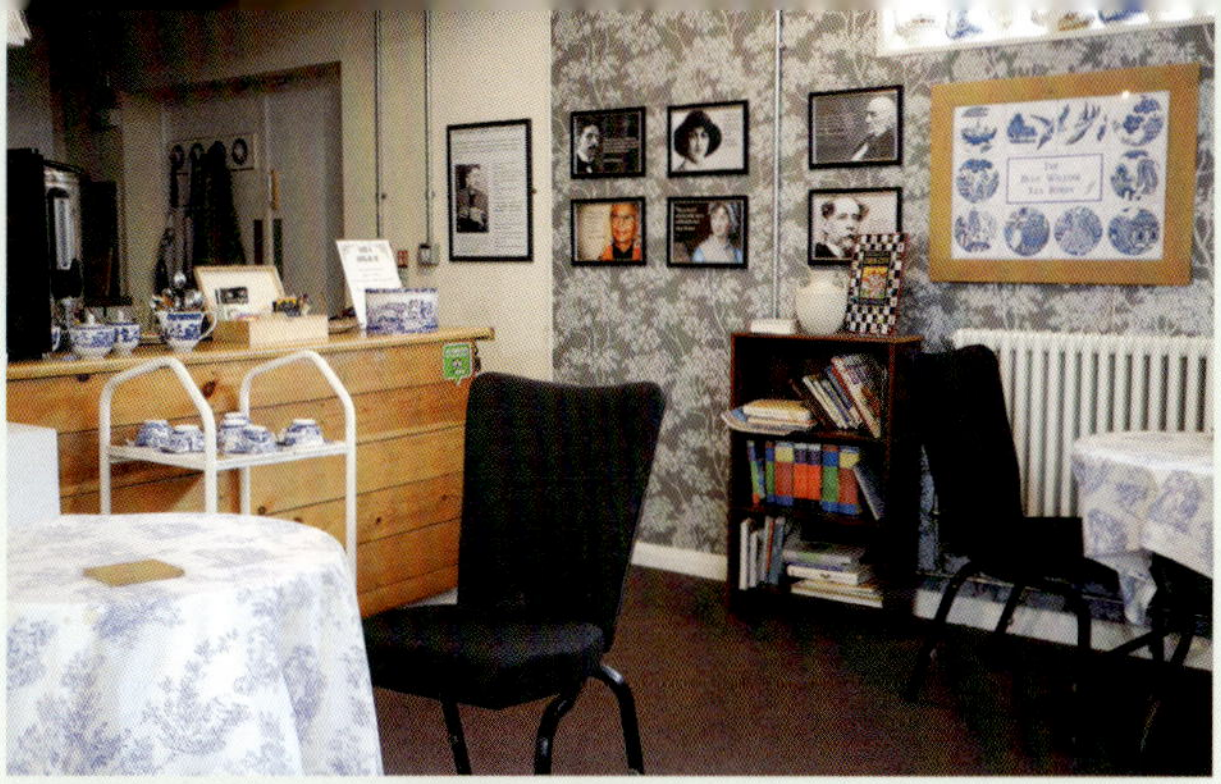

商品を購入すると自由にお茶が楽しめるスペース。

器はもちろんスポード製だ。

ストーク・ミンスター墓地にあるスポード一家の墓標。

教会内にあるスポード2世の功績を讃えたオブジェ。

として寄付される仕組みだ。

商品を購入すると、スタッフの休憩場としても使われているくつろぎのスペースで、セルフサーヴィスでのお茶をすすめられる。まるで家庭のリビングのような居心地の良い空間だ。小さなビジターセンターだが気付くとあっという間に数時間が経ってしまう。

敷地内にあるレストラン〈ポットバンク・クォーター〉は、予約するとスポードの食器でアフタヌーンティーも楽しめる。ランチもおすすめだ。地元の人にもとても人気のあるレストランで週末はパーティーなどで貸し切られていることもあるので、事前に予約していくとよいだろう。

元工場脇を通る道路はコープランド・ストリートという。ここを駅方面に下ると一〇分弱でストーク・ミンスターに辿り着く。ストーク・ミンスターには、ウェッジウッド家の墓だけでなく、スポード家の墓もある。ストーク・オン・トレントの陶工業に人生を費やした二人のジョサイアが同じ墓地に眠っているとは感慨深い。教会内には、ボーン・チャイナの完成で陶磁器業界に多大なる貢献をしたスポード二世、そしてその事業を後世に残したウィリアム・コープランドを讃えたプラークも残されている。

セーヴル焼きの写し。英国ではミントンブルーとして愛された。

1851年のロンドン万国博覧会の様子を描いた作品。会場でもミントン作品は注目された。

3

ミントン
Minton

一七九三年に銅版彫刻師であるトーマス・ミントンの創業したミントン窯は、残念ながら二〇一五年、閉窯を迎えた。ストーク・オン・トレントの町には二〇〇年続いたミントン窯の縁の地がたくさん残されている。窯の歴史とともに、知られざるミントン窯の軌跡を辿ろう。

　トーマス・ミントンはストーク・オン・トレントの南西に位置するシュロップシャーのシュールズベリーに生まれた。カーフレイ窯で銅版彫刻の見習い修業のあと、ロンドンでも彫刻師として研鑽《けんさん》を積んだトーマスは一七八九年にストーク・オン・トレントに居を構え、スポード窯やウェッジウッド窯をはじめとしたさまざまな窯の銅版転写《どうばんてんしゃ》の下請けをする仕事をスタートする。

　一七九三年、二八歳のとき、トーマスは銅版製作からさらに事業を広げ、陶磁器の一貫製造をする窯を持つことを目的に、ストーク・オン・トレントのロンドン・ロードに土地を買い、小さい窯を持った。仲間たちとのパートナーシップを元に、トーマスは事業を拡大。南イングランドのコーンウォール地方にある鉱山に投資、クリームウェアやボーン・チャイナの製造にも着手するトーマスは窯の主力商品を銅版転写の陶器ではなく、ボーン・チャイナの手描きの作品に転換するため、フランスから亡命してきていたユグノーの職人を積極的に受け入れ、セーヴルスタイルの技術の修得に邁進《まいしん》する。フランス人の作るフランス風の磁器はあっという間に上流階級の人びとを

ミントン窯のマジョリカ作品。ゴシック・リヴァイバル様式の建物の庭におくためにオーダーされた。

ロンドンにある国会議事堂はゴシック・リヴァイバル建築だ。

国会議事堂は床に敷かれたミントン製のタイル。オリジナルのタイルの上を歩けるとは驚きだ。

タイルのデザインは建築家のピュージンが製作した。

150年以上経っても現役のタイルたち。

虜《とりこ》にし、ヴィクトリア女王からも注文を受けるようになる。一八五一年のロンドン万国博覧会で披露したセーヴルのセレストブルーを模倣したロココ調の作品は、ミントンブルーとして喝采《かっさい》を浴びた。

ロココスタイルを極める一方、ミントン窯は一八二〇年代からゴシック・リヴァイバル様式の作品にも着手する。

それはトーマスの次男ハーバートの意向だった。若者の好奇心で、廃墟や古城など、中世の建物や、跡地を巡る旅に身を投じたハーバートは、中世の教会から発掘された美しい「象嵌《ぞうがん》タイル」に魅了される。建築家オーガスタ・ウェルビー・ノースモア・ピュージンとの出会いもあり、ハーバートは大量に生産されるプリントスタイルのタイルではなく、装飾が永久に残る象嵌タイルをミントン窯で製造できないか試行錯誤を始める。

しかし試作には莫大な予算も必要だったため、父トーマスをはじめ窯の面々は反対の姿勢をとった。一八三六年に逝去したトーマスは、タイル試作に没頭する次男を憂い、窯の権利をハーバートではなく、聖職者になった長男に譲渡した。

しかしそんな父の仕打ちもハーバートのタイル魂に火をつけるだけだ

ハーバート・ミントンが住んでいた住居前の通りは今でもミントン・ストリートとして愛されている。

ハーバートが町に寄贈したホーリートリニティー教会。

教会の内部はミントン製のタイルで装飾されている。なんと贅沢なことだろう。

った。一八三四年、火災で焼失したウエストミンスター宮殿が国会議事堂として、ゴシック・リヴァイバル建築で再建されることが決まる。内装を担当する建築家はハーバートの友人、まだ二四歳のピュージンが選ばれる。

　このプロジェクトには中世スタイルのタイルが欠かせなかった。ピュージンは、自らタイルのデザインをし、製造をミントン窯に依頼した。ロイヤルギャラリー、聖ステファンホールのセントラルロビーなど、彼らの仕事は高い評価を得た。その後ピュージンの建築物にはミントンタイルが必須建材となり、タイル事業はミントン窯に大きな利益をもたらすことになる。

　ロンドンの国会議事堂は、国会がない時期に見学ツアーが公開される。かなり人気の観光スポットで、当日券を入手するのは厳しい。そのため、チケットはオンラインで予約が必須だ。季節により、議事堂の見学とアフタヌーンティーがセットになったプランもある。

　ハーバートは、一八四二年、住居

ハーバートの墓標。

ミントン窯にタイルの依頼をしに来た人はこの教会に案内され、イメージをつかんだそうだ。

を構えていたストークのハーツヒルに、ゴシック・リヴァイバル建築のホーリートリニティー教会を建設し、町に寄贈する。教会の中はミントンタイルで装飾され、モデルハウス的な役割も果たした。のちには地元の子どもたちが学べる学校も寄付する。こちらの床にももちろん素晴らしいミントンタイルがはめ込まれた。タイル部門は妹の子である甥のマイケル・デントリー・ホリンズに託されミントン・ホリンズ&Co．の社名で独立する。ハーツヒルの彼の住居があった通りはミントン・ストリートと名付けられた。

この頃になると貴族や上位中産階級の邸宅はゴシック・リヴァイバル様式での建築が流行し、タイル以外の建材の必要性も増していく。ハーバートは中世のマジョリカ焼きの復刻ミントンマジョリカの素地作りにも取り組む。

マジョリカ焼きとは、スペインで生まれマジョリカ船でイタリアへ伝わった焼き物のことだ。鉛釉《なまりゆう》に錫《すず》を加えた錫釉《すずゆう》の上に顔料をのせ、釉薬《ゆうやく》に染みこませる。フレスコ画のように後からの修正ができないのが特徴だが、その分焼き上がりの鮮やかな発色が独特な風合いを出すマジョリカ焼きは、人びとの憧れだった。このマジョリカ焼き再現の成功により、ミントン窯は一八五一年のロンドン万国博覧会で、陶磁器部門で英国の窯唯一の入賞を果たした。

ミントン・コテージ。ハーバートが社員のために作ったコテージは今は一般の住民の住まいとなっている。

ミントンハウスの表札もタイルで製作されている。

ゴシック・リヴァイバル様式のコテージ。ひとつひとつの装飾が細かいこだわりの建築だ。

二〇二二年、ホーリートリニティー教会を訪ねた。観光客を受け入れている教会ではないため、外観だけ見学する予定であった。訪れるとちょうど教会では葬儀が行われていた。たまたま教会の外まで人があふれていたため、職員の方から「もしかして中を見に来たのですか？」と声をかけてもらえた。「一時間後なら見せてあげられます」と提案され、二つ返事でOKした。

待ち時間の間に向かったのは、やはりミントン窯に縁のある「ミントン・コテージ」だ。ミントンの上位従業員が住んでいたという複数のコテージの外装にはミントン窯で焼かれたタイル装飾が使われていた。

教会に戻ると職員の方が出迎えてくれ、内部を案内してくれた。教会中がミントンタイルで埋め尽くされ、その中にひっそりとハーバートの墓もあった。

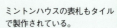

ハーバート亡きあと、後を継いだ甥のコリン・キャンベル・ミントンは世間で注目を浴び始めていたジャポニスム作品に着目する。彼は日本通だったデザイナー、クリストファー・ドレッサーを雇用。それと同時にセーヴルスタイルの強化も行う。アートディレクターにセーヴル窯出身のフランス人を就任させ、フランス人の技術者の数も増やしていく。ミントン窯の中の公用語は「フランス語」となり、「アシッドゴールド」「レイズド・ペースト・ゴールド」「パテ・シュール・パテ」など高級磁器に欠かせない特別な技法を確立していく。

キャンベル煉瓦タイル会社、スタッフォードシャー鉄道の社長、スタッフォードシャー陶器水道会社の設

ヴィクトリア朝時代に開発された住宅地。似たようなデザインの家が建ち並ぶ。

ストーク墓地。広々とした敷地内は散歩にも最適だ。

スーパーマーケットの駐車場に建つコリン・キャンベル・ミントンの銅像。

コリン・キャンベル・ミントンの墓標。

ミントン窯の元本社。こちらも素晴らしい建築物だ。

立など、コリン・キャンベル・ミントンはミントン窯の経営以外でも手腕を発揮した。彼は巨万の富を得る一方で、町のためにも尽くした。市立図書館建設のために土地を提供し、水道会社の経営経験を生かし町の下水システムの向上、公衆浴場の拡張にも貢献する。ストークの市長も務めた。市営のハーツヒル共同墓地にも多大な投資をした。彼の亡骸は生前に縁のあったハーツヒル共同墓地、現在のストーク墓地に葬られている。

ストーク墓地はホーリートリニティー教会から徒歩範囲だ。コリン・キャンベル・ミントンの墓標に手を合わせ、広い墓地を通り抜けると、そこからは住宅街が広がる。坂道を一気に下る。両脇にはヴィクトリア朝に建てられた建て売り住宅がひたすら続く。このなかにもミントンの従業員の家があったのかもしれない。坂道の最後に「ヴィラス」と呼ばれる美しい大型邸宅が集まる特別な区域がある。ここには普仏戦争の激化により、フランス、セーヴル窯からミントン窯に引き抜かれたマルク・ルイ・ソロンのためにミントン窯が用意した家もある。

　コリン・キャンベル・ミントンの死後、町の人びとは彼の功績をたたえ寄付を募り銅像を作った。この像は一八八七年除幕され、彼の名前がついたキャンベル・プレイスに設置される。しかしその後、近くにミントン窯の新工場ができたことにより、工場前に移転、現在は工場閉鎖後に建ったスーパーマーケットの駐車場に立っている。出会えたコリン・キャンベル・ミントンの銅像に夢中に

床のタイルデザインが見事だ。

教会を利用する人がお茶をするスペース。

ストーク・ミンスター教会の内部。

閉窯した後のミントンの資料はすべて〈ポタリーズミュージアム＆アートギャラリー〉が管理している。

なる異国人に、町の人たちは不思議そうな顔をしていた。

ストーク・オン・トレント駅周辺にはミントン・ホリンズ&Co.の工場の跡地もある。ウェッジウッド、スポード一家の墓標があるストーク・ミンスター教会の内装もミントン窯が担当している。こちらのタイル装飾も必見である。

ミントン窯の軌跡を辿るストーク・オン・トレント散歩、気付けば半日があっという間にすぎていた。よく歩き、たくさんの感動があった散歩であった。

4
バーレイ
Burleigh

バーレイ窯の前身は、一八五一年ヒュームとブースの二人の人物が、ストーク・オン・トレントにあるバーズレムのセントラル・ポタリーで、アーザンウェアのビジネスを始めたのが最初とされている。会社は一八六二年ウィリアム・リーと、フレデリック・ラスボーン・バージェスに引き継がれ、社名をバージェス&リーに変更。一八八九年、トレント&マージー運河に近いミドルポート・ポタリーに移転する。ミドルポート・ポタリーは四つの素焼き窯と三つの仕上げ窯の合計七つの窯（ボトル・キルン）を備え、「セブンオーブンワークス」の愛称で呼ばれる。

　ヴィクトリア朝に建ったミドルポート・ポタリーは、その後業務の拡大とともに、拡張をされ、現在まで引き継がれている。老朽化が指摘されるもグレードⅡの指定建造物の修復には莫大な金額が必要となる。歴史ある工場と、そこで働く人びとを守るため尽力したのが、当時皇太子だったチャールズ三世の慈善団体「プリンスズ・リジェネレーション・トラスト」だ。二〇一一年には、トラストは工場存続のために、九〇〇万ポンドの支援を約束。三年の修復期間を経て、二〇一四年に工場は復旧した。

　ミドルポート・ポタリーは、ストーク・オン・トレント駅の隣の小さな駅ロングポート駅から徒歩一五分程度の場所にある。道中は運河沿いの歩道もあり、駅から散歩しながら行くのもおすすめである。

　ミドルポート・ポタリーではいくつかの見学コースを用意している。古い建物の内部を見たい方は、セルフツアーがおすすめだ。昔のオフィス、ヴィクトリア朝の衛生陶器、そして二〇世紀に入ってから展開したテーブルウェアなど、この工房で作られてきた数々の作品が見学できるミュージアムもある。見所はかつて

バーレイ窯の本拠地ミドルポート・ポタリー。

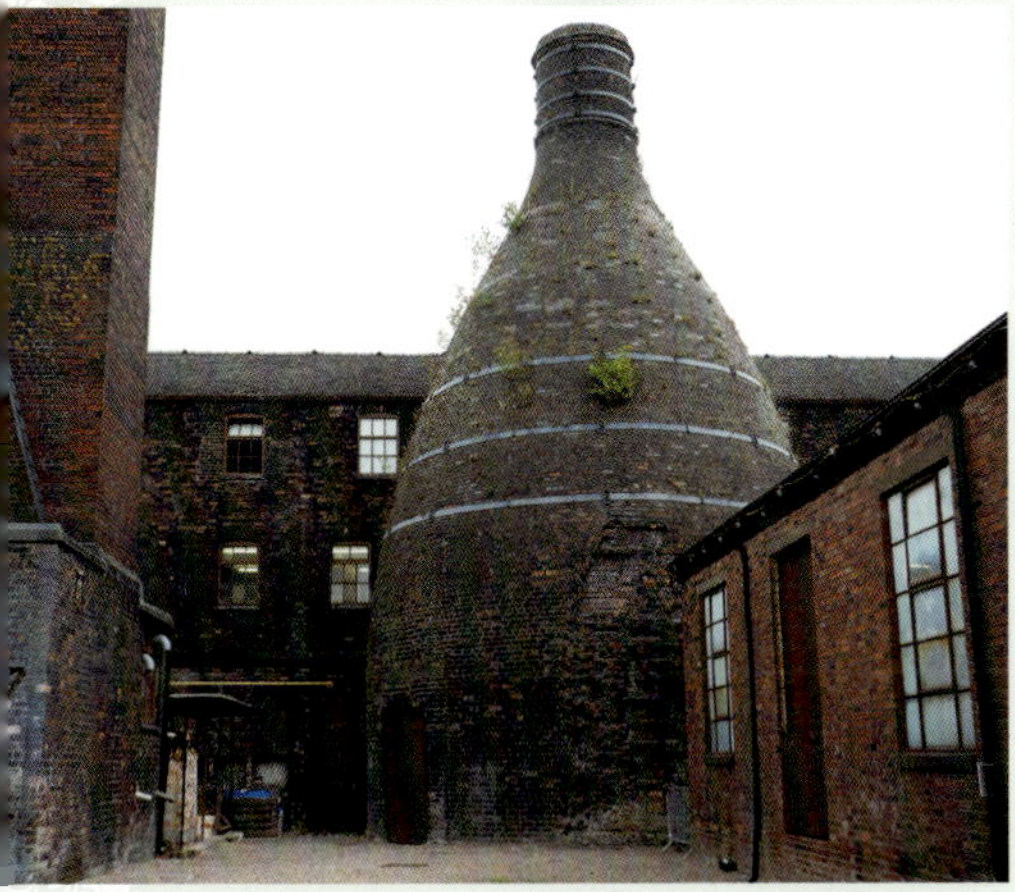

唯一残されているボトル・キルン。

は七つあり、今は一つだけ残されているボトル・キルンだ。工場の建物と壁が共有して建てられていたため、取り壊しを免れたそうだ。

　会社はその後、リー家とバージェス家の子孫に引き継がれ、一九一二年以降はリー家の独占となる。一九三〇年にバージェスとリーの両名を組み合わせた社名「バーレイ」を商標登録する。

　戦後は時代の変化とともに、リトグラフやスクリーン印刷による転写作品の製作も行うようになるが、一九六〇年代、創業当時から行っていた「銅版転写技法」が見直される。

　ガイド付きツアーでは、昔ながらの銅版転写技法で作られている食器作りの工程を見学できる。なにぶん

現在は銅版にニッケル加工をしてから使用している。これにより銅版がすり減らなくなった。

かつての工場を再現した模型。7つのボトル・キルンは繁栄の証だ。

印刷されたティッシュ。

素焼きされた器。

丸い面にティッシュを貼るのは難しい。熟練の職人技だ。

スポンジで念入りに研磨されていく。研磨作業を怠るとその後の工程に影響が出る。

焼成すると色が変わる。

釉薬を施された器。ピンク色は焼成時に透明に変わる。

売場なのだが、どこかの家のリビングにいるような感覚になる装飾はさすがだ。

古い工場で、増築を繰り返した歴史があるため、見学ルートはアップダウンに富んでいるので、足元に不安がある方は申込時に申告してみることをおすすめする。

ガイド付きツアーは、ミドルポート・ポタリーの歴史から始まる。その後素地作り、粘土形成、素焼き、絵付け、本焼きとすべての工程を見ることができる。ツアー時間は一時間と説明されるが、質問などが活発に出る回だと一時間半ほどかかることもあるので、時間にゆとりを持って参加するといいだろう。

バーレイの製品は、原料の土からすべて英国産だ。陶器を製造するための石膏型もすべて自社工場内で作っている。石膏型は三〇回使ったら、破棄され、新しいものに替えられる。

素焼きが出来上がったあと、スポンジを使って表面をなめらかに研磨《けんま》する。この作業を怠ると、仕上がりが悪くなるとても大切な工程だ。絵付けを行うための銅版は、何種類ものニードルを使って手彫りされている。現在銅版彫刻師は二人だけだ。一つの銅版を完成させるのに、熟練の職人でも一か月半以上かかる。銅版は拡大縮小ができないため、新シリーズを作るためにはこの銅版を器のサイズに合わせて複数用意する必要がある。そのため、風景画などは高額になってしまうため、小花模様などの連続柄が多くなっている。

出来上がった銅版はニッケル加工をされた後、ロール状に丸められる。このロールに油性のインクをぬって、薄い半紙（ティッシュ）に柄をプリントするのだ。印刷されたロール紙は、インクが乾く前に、一つ一つ素焼きの陶器の形に合わせてカットされる。時には複数の紙を貼り合わせて使用する。

ティッシュを石鹸水につけて、ブラシでこすり、柄を器に転写する。インクは油性であるため耐水性があり、ティッシュを洗い流してもインクは残る。手作業のため柄の出方、色の濃淡は一つ一つ異なる。転写後、器は再度炉に入れられる。

銅版転写後にガラス質の釉薬をぬって三度目の焼き作業をする。釉は食品着色料で着色されるため、明るいピンク色だ。これは、器に釉薬が

ファクトリーショップは器の使い方も学べる場だ。

かかっていない所がないようにチェックするためだ。ピンク色は焼成中に燃え尽きる。焼き上がった器は、釉薬の下に柄があるため、半永久的に絵が剥がれることなく使用できる。

工場はリー家が五代にわたり継承したが、一九九九年に倒産。ドーリング家に引き継がれる。そして二〇一〇年にダービーシャーの陶磁器会社デンビーの傘下に入り現在に至る。

工場見学の後は、ファクトリーショップを楽しもう。陶器は重量があるので、日本に送ると思いのほか送料がかかるため、あまりおすすめはしないが、気に入ったものがあれば手持ちで持ち帰れる分を購入するのもいいだろう。時には日本では廃盤になってしまった作品が販売されていることもあるので、要チェックだ。

買い物のあとは、ミドルポート・ポタリー・カフェで憩いのひとときを。カフェのある建物はもとは梱包工場だったそうだ。地元の才能あるアーティスト、ジョイス・イワシュコによる壁画は雰囲気満点だ。天気がいいならば外のテーブルでトレント＆マージー運河を眺めながらのティータイムもよいだろう。ヴィクトリア朝時代は、この運河を使用し、燃料である石や土、石炭の運搬が行われていたそうだ。

異なるデザインの食器を組み合わせた提供スタイル。自宅のような感覚でティータイムをすごせる。

壁画も美しいカフェ。

トレント＆マージー運河沿いの散歩もおすすめだ。

グラッドストーン陶磁器博物館のシンボルはボトル・キルンだ。

窯入れをする際は陶磁器同士がぶつからないように、工夫がなされた。

バスの車内。床に注目してほしい。

ファースト・ポタリーズのバスはとても便利だ。

ミントンタイルをイメージした床はここならではだ。

5

その他博物館

and more...

ストーク・オン・トレントには、陶磁器を専門にした博物館もある。タクシーを使わなくとも、路線バスだけでもたいていの場所は行ける。主要バス「ファースト・ポタリーズ」はバスの内装もストーク・オン・トレントらしく、乗っているだけでわくわくする。

素地や、製造工程に興味がある人には「グラッドストーン陶磁器博物館」がおすすめだ。ここでは衛生陶器の歴史やタイルの歴史も学べる。週末は器作りの体験コーナーも充実している。

各窯の作品に興味がある方には「ポタリーズミュージアム&アート

ギャラリー」をおすすめする。ストーク・オン・トレントで製造されたさまざまな窯の作品を集め紹介するミュージアムだ。企画展も行われているので、何度行っても楽しめる。一八五一年の万国博覧会で入賞したミントン窯のマジョリカの大作はぜひ見てほしい。ミュージアムショップは陶磁器関連の資料が充実しているため、英国陶磁器について見聞を深めたい方には必見のスポットだ。

ヴィクトリア朝時代の衛生陶器の展示。華やかなデザインが好まれた。

2階が陶磁器の展示室になっている。展示数が多いので、2時間は見ておこう。

ポタリーズミュージアム＆アートギャラリー。外壁には陶工家の仕事ぶりが表現されている。

期間限定の企画展示。このときのテーマは「花」だった。

第4章

英国菓子を楽しむ

ストーク・オン・トレントの人気ティールーム〈ラビット・ホール〉でのアフタヌーンティー。店内は『不思議の国のアリス』をテーマに装飾されている。インド系の移民の多い地域のため、サンドウィッチとともにサモサも提供された。

英国に行ったら、素敵なティールームでお茶をしてみたいという方は多いと思う。しかし、ロンドンの主要駅に降り立つと目に入るのはコーヒーチェーン店ばかりでティールームは見当たらない。これにはショックを受ける方も多いだろう。英国人にとって、紅茶は日本人にとっての緑茶や麦茶と同じ。基本は家で飲むものであり、外ではコーヒーという人が多いのだ。

ホテルではアフタヌーンティーのサーヴィスをしているところが多いが、価格もなかなかのものだ。ロンドン市内だとサーヴィス料金を入れると一万五〇〇〇～二万円が目安だ。アフタヌーンティーを希望する場合は、ホテルの内装の好み、ティーフードのテーマなど、事前にリサーチをして日本から予約をしていくことをおすすめする。せっかくなので、ドレスアップして特別な時間を楽しんでほしい。

巨大なロンドン市内で一〇軒にも満たないティールームだが、地方の観光都市には多い。よほど人気のティールームでない限り予約は不要だ。

1940年代の戦時下をテーマにした〈Air Raid Shelter Cafe and Tea Room〉は、直訳すると、防空壕のティールームだ。食器も時代に合わせたものを使用している。装飾品は地元ハイ・ウィッカムの住民からの寄付も多いとか。

アフタヌーンティーもその場で頼める。英国のティールームは九時台からあいているところも多いので、朝食を楽しむこともできる。反対に閉店時間は早い印象だ。ときには一五時閉店のティールームも。事前に目星をつけておくとよいと思う。

私たちがティールームを選ぶ基準はいくつかある。まず、建物そのものに価値があるティールーム。その空間に身を置くだけで特別な気持ちになれるティールームだ。次にコンセプトが面白いティールーム。たとえば王室をテーマにしていたり、『不思議の国のアリス』など児童文学をテーマにしていたり。最近目につくのが、時代をテーマにしたティールームだ。とくに一九四〇年代、戦時下をテーマにしたティールームが多いのは興味深い。他にはお菓子が有名なティールーム。とくに地方だと、その地域特有のお菓子を提供しているティールームにはつい足を運んでしまう。

ティールームは、手作り菓子にも力を入れているので、ぜひお菓子も一緒に楽しんでほしい。

生地を冷蔵庫で寝かせてから焼くと、美しい狼の口が開く。

スコーン
Scone

ここでは、知っておくと楽しい英国菓子をいくつか紹介しよう。英国菓子の定番スコーンは一九世紀末に誕生した比較的新しいお菓子だ。一八六一年に発刊された初版本の『ビートンの家政本』にはスコーンのレシピは掲載されていない。この家政本にスコーンのレシピが登場するのは一九〇六年版が最初だ。しかしこのときのスコーンは、オートミールと小麦粉をこねて焼いたパンに近いもので、現在のスコーンとは異なる。一九二三年版には現在とほぼ変わらない牛乳や卵を使ったスコーンのレシピが掲載されている。スコーンの由来については、第1章のウエストミンスター寺院（51〜53頁）を参照してほしい。

さて、このスコーンだが、地域により食べ方が異なるのも面白い。ま

左がコーンウォール式、右がデボン式。風味が変わるので、食べ比べをして好みを見つけてほしい。

英国では、フルーツスコーンはレーズンのスコーンをさす。

ホテルで提供されるスコーンは他のフードとのバランスも考え、小ぶりだ。

カジュアルな場所だとクリームとジャムがサンドされた状態で販売されることも。スクーン宮殿のティールームにて。

ず地方に行くとスコーンの大きさはこぶし大ほどに巨大化する。砂糖や牛乳の割合が減ったレシピが多くなるため、味はシンプル。そのまま食べても味気ないので、バターやジャム、クロテッドクリームをぬって楽しむことになる。

ロンドンではスコーンを頼むとクロテッドクリームとジャムがセットでついてくることが多いが、北イングランドのマンチェスターや、ヨーク、ニューキャッスル、そしてスコットランドを訪れたときは、ほとんどのお店でバターが提供された。反対に南イングランドでは、驚くほどたっぷりのクロテッドクリームとジャムが添えられる。とくにクロテッドクリームの産地、デボンシャーやコーンウォールではその盛りのよさに目が輝いてしまった。

デボンシャーでは、「クロテッドクリームをぬってから上にジャムをのせる」スタイル。この食べ方はジャムの甘みがストレートに感じられ、甘党にはおすすめだ。コーンウォールでは、「ジャムをぬってから、覆い隠すようにたっぷりのクロテッド

クリームをぬる」スタイルが不動だ。こちらの食べ方だと、クリームの甘みがダイレクトに感じられ、スコーンがしっとり感じられる。

二〇二四年、デボンシャーのプリマスに拠点をおき、今日はデボンシャー、今日はコーンウォールと両州を行ったり来たりの旅を楽しんだ。その都度、「あれ、今日はどっちスタイルだっけ?」なんて確認をしながら。

日本ではクロテッドクリームは要冷蔵で扱われるが、現地では常温で手渡しされることも多かった。スコーンとミルクティーのセットは「クリームティー」と呼ばれ、ティールームの定番メニューになっている。

クリームティーボックス「スコーンとクロテッドクリーム、ジャム、そしてティーバッグ」が紙箱に詰められて持ち帰り用に販売している店も多く、電車の中でもティータイムが楽しめたのもいい思い出だ。

ちなみにホテルのアフタヌーンティーで提供されるスコーンは、サンドウィッチやケーキも一緒に食べるため、小ぶりで生地に生クリームや卵が使われているため、そのまま食べてもおいしいのが特徴だ。

カントリーサイドで出会うスコーンはこぶし大。クロテッドクリームはスコーン1つに対し28gが基本。

チーズやハーブが入った食事用のセイボリースコーンにはオニオンチャツネとクリームチーズをつけるのが現地流。

持ち帰り用のスコーンボックスの中身。スコーンが4つ入っているので、クロテッドクリームも112gだ。

フラップジャック
Flapjack

クランベリー入りのフラップジャック。

デボンシャー・プリマス発祥のフラップジャック専門店〈Flapjackery〉は南西イングランドを中心に10店舗以上を展開している。中には犬用のフラップジャックも。

二〇二一年、紅茶と英国菓子の店を開く際、建物を設計してくれた英国住宅専門の建築士に「フラップジャックは出さないのですか?」と聞かれた。フラップジャック? そんなお菓子あった?

これまで紅茶をテーマに英国を旅する機会はいくどとなくあったが、記憶にないお菓子だった。建築士が、ヨークにある老舗ティールーム〈ベティーズ〉で食べたフラップジャックが今まで食べたなかで最高の味だったというので、ベティーズのレシピを参考に作ってみた。オーツ麦、砂糖、バター、ゴールデンシロップ、ドライフルーツ、ナッツを押し固めて焼いたグラノーラバーのような菓子だ。見た目はとても地味。

旅先ではつい写真撮影を前提にヴィジュアルを重視してお菓子をチョイスすることが多いので、選ばなかったわけだ……と妙に納得した。ところが、食べてみたらとてもおいしい。しかし正解の味がわからない。試食役も引き受けてくれた建築士から、アドバイスをもらい、数度の試作でなんとかレシピが固まった。そしてとにかくフラップジャックを現地で食べてみなくてはという新しい使命ができた。

以来、渡英するたびにフラップジャックを探すようになったのだが、これがビックリ。どこにでもあるのだ。駅の中のキオスクのよう小さな売店にも、スーパーマーケットにも、デパートの食品売り場、ティールームにも。メーカーも多数だ。味もシンプルなもの、ラズベリーフレーバー、チョコレートフレーバーなどさまざまだ。プロテイン入りなんてものも発見してしまった。ティールームではフラップジャックの間にジャムを挟みケーキのようなスタイルにしたものもある。

さらには、フラップジャック専門店も見つけてしまった。店の中には十種類を超えるフレーバーのフラップジャックが並ぶ。これだけメジャーなお菓子なのに、なぜ今まで気付かなかったのだろう。残念ながらまだベティーズのフラップジャックは食べていない。近いうちにぜひ実現したい。

カレンツの甘みと、バターの塩味が嬉しい。

シナモンシュガーをのせて焼いたティーケーキ。

ティーケーキ
Teacake

ティーケーキと聞いてどんなケーキを想像するだろうか。筆者は単純に「紅茶が入ったスポンジケーキ」を連想していた。しかし、オーダーして出てきたティーケーキはどう見てもパンだった。

北イングランドのヨークシャーに由来するティーケーキは、軽くて甘いイーストベースのパンだ。中にはドライフルーツ（カレンツ、サルタナ、またはピール）が入る。割ってトーストし、バターをぬって食べる。食べる際にシナモンシュガーを使うことも多い。

ヨークシャーだけでなく、英国のどの地域にも普及している。ティータイムというとビスケット

ティーケーキはティーカップ＆ソーサーのソーサーほどの直径だ。大きいが生地が軽いので食べやすい。

やスコーン、ケーキを食べるイメージが強いが、小腹が空いたとき、甘さ控えめのティーケーキは軽く食べられる最適なお菓子だ。日々のティーブレイクに、そしてティールームでは朝食メニューとして提供されることも多い。

興味のある方はぜひスーパーマーケットのパンコーナーで探してほしい。ふわふわなので、くれぐれもつぶさないように持ち帰ろう。

実は英国にはもう一つティーケーキがある。スーパーマーケットのお菓子売り場に並ぶ、マシュマロをチョコで包んだ甘いお菓子だ。こちらも、ミルクティーとの相性が最高だ。食べたことがない方は試してほしい。

キャロットケーキ
Carrot cake

日本ではにんじん嫌いの子どもに苦肉の策としてなんとかにんじんを

コーヒーショップなどカジュアルな場所では長方形のスタイルが定番だ。

キャロットケーキはどのティールームにもおいてある定番ティーフードだ。スパイスの加減が店舗ごとに異なるのでお気に入りを探すのも楽しい。

食べさせようと母親が作るイメージがあったキャロットケーキだが、こちらも英国ではベスト3に入る人気菓子だ。

キャロットケーキは一五世紀頃、当時貴重だった砂糖の代わりに糖分の高いにんじんをケーキに使いはじめたのが始まりとか。世界大戦中に砂糖が不足した際に、政府が推奨、家庭でも多く作られるようになった。すりおろしたり、細かく刻んだりしたにんじんを生地にいれるのだが、おろし金はチーズおろしがおすすめだそうだ。そしてバターではなく植物性オイルを使うのにもびっくりした。低カロリーなのか、高カロリーなのかわからない。

ブラウンシュガー、スパイス、くるみやレーズンを入れたレシピが多いが、個人的にはレーズンがない方が好みだ。なかにはパイナップル、オレンジ入りのものもある。スーパーマーケットでは冷凍、常温、どちらのスタイルもホールケーキで販売されている。上にのっているフロスティングはクリームチーズだ。二〇世紀後半アメリカで人気になり、英国でも定番になったと聞く。

どこにでもあるケーキなので、いろいろな店で食べ比べるのも楽しい。スーパーマーケットの自社ブランドのキャロットケーキも必ずあるので、複数のスーパーで購入し、帰国後に食べ比べパーティーも一興だ。たいていの場合、日持ちも一週間ほどはOKだ。

ウェルシュケーキ
Welsh cake

ウェールズ地方を代表するお菓子ウェルシュケーキは小さなパンケーキだ。型抜きした生地をグリドルと呼ばれる鉄板で焼き、軽く温めてバターをぬって食べるのがウェールズ流だ。焼きたてもおいしいし、冷めると生地が少し硬くなりそれもおいしい。

スーパーマーケットで販売されているものはメーカーが限られてしま

うが、ウェールズに行くと、専門店や、ベーカリーなどでも販売されており、食べ比べも楽しい。カレンツ入りが定番だが、近年は他のドライフルーツ、チョコレート、スパイス入りなどヴァリエーションも増えている。ティールームではバターやクロテッドクリームが添えられる。

　日本でも近年、デパート催事の「英国展」などで、本場のベーカーが来日しウェルシュケーキをその場で焼いて提供する機会も増えている。いつか日本でもスコーンのように広く認知されることを願う。

ウェルシュケーキ4枚に対して、クロテッドクリーム28gのバランスがお勧めだそうだ。

ミンスパイ
Mince pie

クリスマスシーズンに英国を訪れると、必ず出会うお菓子がミンスパイだ。スーパーマーケット、コーヒーショップ、カントリー・ハウスの土産物屋……とにかく、どこにでも売っている。

　ミンスパイは、クリスマスを祝う英国の伝統菓子だ。元々はキリストの眠る飼い葉桶の形を模した楕円形だったが、近年は丸く、そして星形の飾りなど見た目も可愛く仕上げている。中のフィリングはドライフルーツとりんごにスパイスを煮込んで作る「ミンスミート」。さっくりと香ばしいパイの素朴さが特徴だ。

星形のミンスパイは贈呈用としても喜ばれそうだ。

ミンスパイは、街中どこでも購入できる。パン屋から肉屋まで幅広い場所で見かけるのも面白い。

スーパーマーケットのミンスパイ。スーパーマーケットごとのオリジナル商品もある。

ヨークの人気ティールーム「ベティーズ」では、バターがともに提供された。

クリスマスから一二夜にかけて一日一個のミンスパイを食べると、その年は幸運が訪れるといわれている。そのため、販売されているミンスパイは一二個入り、または半ダースの六個入りだ。最近ではダイエットを気にしている人などのために、親指サイズの小さなミンスパイが一二個入ったボックスなども見かける。まさに縁起物のお菓子だ。

個人的には温めて、クロテッドクリームを添えて食べるのが好きだ。これは英国のティールームで知った食べ方だ。

ミリオネアショートブレッド
Millionaire's shortbread

この世にこんな危険なお菓子があったとは……と衝撃を受けたのがミリオネアショートブレッドだった。ショートブレッドをベースに、キャラメル、チョコレートを三層にしたお菓子。どう考えてもおいしくないわけがない。
そのリッチさから「Millionaire＝百万長者」と命名されている。ミリオネアショートブレッドも、フラップジャック同様、どこにでも売っている。スーパーマーケットの自社製品も多い。なかには、カットしたときに出る端っこを袋詰めして販売する店も。

甘い、ほどよい塩味の繰り返しで、カロリーの爆弾だとわかっていても手が止まらないミリオネアショートブレッド。これはぜひ食べてほしい英国菓子だ。

ミリオネアショートブレッドは大人も子どもも大好きな定番菓子。表面のマーブルのデコレーションも可愛い。

場所によってはわかりやすくキャラメルショートブレッドの名前で販売されることも。

小さめにカットされたミリオネアショートブレッドが入ったバケツ大の商品。家族で食べるのだろう。

クリスマスマーケットで食べたミリオネアショートブレッド（右）。

ティールームでは手作りジャムを使ったヴィクトリアサンドウィッチケーキも多く、食べ比べも楽しい。

ヴィクトリア サンドウィッチ ケーキ

Victoria sandwich cake

スコーン、ショートブレッドの次に有名な英国菓子といえばヴィクトリアサンドウィッチケーキだろう。ヴィクトリア女王の名前に由来したスポンジケーキは、一八六一年に夫君アルバートが死去し、ワイト島のオズボーン宮殿に引きこもった女王が再び公の場に登場した際のパーティーで披露されたといわれている。

二枚のスポンジ生地の間にバタークリームとラズベリージャムをサンドしたものが一般的。ヴィクトリア朝時代はスクエアの型で焼かれ、長方形にカットされていた。現在はサ

スーパーマーケットオリジナルのヴィクトリアサンドウィッチケーキ。15センチサイズのホールタイプが一般的だ。

スコットランドのティールームでは手作りのショートブレッドに出会える確率が高い。持ち帰りも可能だ。

エリザベス２世が好んだといわれている3層のヴィクトリアサンドウィッチケーキ。ジャムの甘みを強く感じリッチだ。

ヴィクトリアサンドウィッチケーキはシンプルな味だけに何度食べても飽きない。

お土産の定番ショートブレッド。メーカーにより風味や食感が異なるので、帰国後にショートブレッド食べ比べ会も楽しい。

三角形のペチコートタイプのショートブレッド（右）。昔はラウンド型で焼き、家庭で切り分けて食べていたそうだ。

ショートブレッドにフルーツ入りのクリームチーズをトッピング。

ンドウィッチティンといわれる専用の型二枚を使って焼くか、高さのあるスポンジをスライスする。間のフィリングをレモンカードやルバーブのジャムに変えたり、生地にココアなどを混ぜたりしたヴァージョンと幅広く作られている。また祝いの席だと、全体がアイシングシュガーでコーティングされることもある。

ヴィクトリアサンドウィッチケーキは、ティールームならば九割の確率で提供している。もちろんスーパーマーケットでも必ず購入できる。食べ比べを楽しむにはおすすめのお菓子だ。

ショートブレッド
Shortbread

スコットランド生まれのお菓子ショートブレッドは今では英国を代表する英国菓子の一つだ。小麦粉・バター・砂糖のシンプルな材料で作ら

甘いチョコレートケーキは大定番。食後に食べる人も多い。

植民地時代のオーストラリアで誕生したラミントンケーキはスポンジをチョコレートがけし、仕上げにココナッツをまぶしている。ロンドンで人気に火が付いている。

れる。ショート「short＝砕けやすい、もろい」食感が名前の由来になっている。中世時代は丸く焼いて放射状に切り分けた「ペチコート型」や「ラウンド型」が主だったが、現在はバー状の「フィンガー型」が人気だ。

ショートブレッドはスコットランド以外の地域ではティールームで提供されることはあまりないように思う。持ち帰り菓子として店頭販売されていることはあっても、メニューに載ることは少ない。反対にスコットランドに行くと、どのティールームでも自家製のショートブレッドを提供してくれる。間にジャムやチョコレートなどを挟んだサンドタイプも人気だ。

市販品はシンプルなもの、オレンジ、ジンジャー、チョコ、レモン、ナッツ、クランベリーなどのフレーバー味も人気だ。なかでもラベンダーのフレーバーは英国特有、ぜひ試してほしい。シンプルなお菓子だが、食感やバターの風味、塩味が絶妙に異なるので、自分の好みを見つけるのはなかなか難易度が高い。それがまた楽しみでもある。

チョコレートケーキ
Chocolate cake

マシュマロとナッツの食感が楽しいロッキーロードはスーパーマーケットでも見かける定番菓子だ。

英国は年間一人一〇キロ以上チョコレートを食べるチョコレート大国だ。二〇〇五年公開の映画〈チャーリーとチョコレート工場〉に登場するウォンカーチョコのモデルになったキャドバリーブランドを代表に、スーパーマーケットのチョコレート売場には膨大な数のチョコレート菓子が並ぶ。

チョコレートブラウニー。家庭でもよく焼かれるそうだ。

チョコレートケーキは一九世紀の終わり頃から発展したといわれている。ヴィクトリアサンドウィッチケーキのチョコレートバージョン。チョコレートファッジケーキ、ブラッククフォレストケーキ、チョコレートオレンジケーキ、ロッキーロード、ラミントンケーキなど、さまざまなチョコレート菓子が楽しまれている。甘さはなかなか強烈だ。

アフタヌーンティーの三段スタンドのてっぺんにチョコレートケーキがのっていると、ついひるんでしまうほどだが、濃厚に淹れたミルクティーとペアリングすると、これがまあ、するりと胃に入ってしまう。

最近よく買うのはナッツにマシュマロ、クッキーなどをチョコで固めたチョコレート菓子ロッキーロードだ。チョコレートがでこぼこの山道、マショマロが雪解けの風景に見えることから命名されたという。これが食べてみると、食べ応えもあり意外にはまる。

朝食のトーストの代わりに提供されたクランペット。チーズをのせてもおいしい。

ジャムとバターとともに提供されるクランペット。穴にフィリングを染みこませて食べる。

パンにビール入りチーズソースをかけて焼いたウェールズの郷土料理「ウェルシュレアビット」のクランペット版。

専用のリング型でじっくり焼き上げるクランペット。

クランペット
Crumpet

ティールームの朝食メニューの定番クランペット。小麦粉、イースト、砂糖、塩、水を混ぜて発酵させ、リング型に入れて鉄板で焼いたパンだ。焼き上がりの表面に多数の穴が空いているのが特徴。穴があることにより、バターやゴールデンシロップ、蜂蜜などが生地に染みこみ、おいしさが倍増する。食感は、外はカリッ、中はモチッ、腹持ちもする。

P・L・トラヴァース〈風にのってきたメアリー・ポピンズ〉には、行商のクランペット屋が登場するが、残念ながら小売りはスーパーマーケットのパンコーナーでしか見たことがない。スーパーマーケットのものは、手作りのものより味は落ちるが、英国人の日常の味なので一度は試してほしい。水分があるため、日持ちはあまりしないが冷凍保存は可能だ。

トフィー&ファッジ
Toffee & Fudge

トフィーとファッジは、土産物店の定番の英国菓子だ。その地域の名所がプリントされたパッケージを見ると、ついつい買いたくなってしまう。トフィーは砂糖、バター、水、生クリームを煮詰めて作られる硬くてパリパリしたキャラメル状のお菓子。温度を高めにして煮詰めることで、硬い食感になる。歯が悪い人には要注意のお菓子だ。

ファッジはアメリカ発祥、砂糖、バター、ミルクを低温で煮詰めて、やわらかくクリーミーに仕上げる。一八九〇年代にアメリカの大学のキャンパスで流行し、その後英国でも流行した。これは子どもにも安心して食べさせられる。

両者とも、とにかく甘い。甘いけれど、ミルクティーと絶妙にあう。カロリーを考えるとひるんでしまう危険なお菓子だが誘惑には逆らえない。ところが、トフィー、ファッジをいざ購入しようと思うと、どちらがどちらなのかなぜか混同してしまう。皆さまも間違えないように。

ファッジはカットされて販売されることが多いが、バータイプもある。

マーケットに出店していたファッジ専門店。量り売りで購入する。

ファッジのバーをさしたファッジアイスクリーム。観光地で大人気だ。

トフィーとファッジは日持ちするので、土産屋にも並ぶ。

スコーン&バタープディング
Scone & Butter pudding

コーンウォールのカントリー・ハウス〈コート・ヘレ〉はナショナル・トラストの管轄だ。敷地内のティールームで出会ったお菓子がスコーン&バタープディングだった。食べてみてビックリ。なんだ、この味は！

同行者みんなで顔を見合わせてしまうおいしさだった。

帰国後、調べてみると、コーンウォール特有の家庭菓子だということが判明。スコーンが購入するものではなく各家庭で作るものだった時代、作りすぎてしまったり、余らせてしまい固くなってしまったりしたスコーンの再生法として編み出されたお菓子だったのだ。

一度焼いたスコーンを、一センチほどに横にスライスしバターをぬる。パウンド型やベイクトレイにスライスしたスコーンを敷き詰め、カスタードソースに浸す。スコーンにカスタードが染みたら、オーブンで焼く。冷めたらカットする。簡単にいえば、スコーン版のパンプディングだ。いろいろなフレーバーのスコーンを使うと、断面も彩りがよくなり、食感も楽しめる。コーンウォールの旅の思い出の味を日本でも広めていきたい。

コート・ヘレの室内は中世時代の貴重なタペストリーで彩られていいる。

コーンウォールにあるカントリーハウス〈コート・ヘレ〉は庭園の美しさにも定評がある。

食べてみてビックリのおいしさ。旅は発見の連続だ。

ナショナル・トラストの運営するティールーム。右にあるのがスコーン＆バタープディング。

おわりに

紅茶や陶磁器をテーマに旅を始め、気付けば二〇年以上だ。同じスポットを何度も訪れることもあるが、不思議なことに、毎回何かしらの発見、感動がある。自分自身の知識が増え、展示品への理解度が深まることからの感動もあるし、同行者の何気ない一言に、目から鱗、新しい気付きをもらうこともある。博物館の改装や、展示品の入れ替えにより、今まで見ることのできなかった作品がお披露《ひろ》目《め》されることもある。そのため、一度行ったから、もう終わり……とはならないのが、悩ましいところだ。

建築、食べ物、鉄道、自然、絵画、歌手、俳優、映画、ドラマ、スポーツ、音楽、動物……旅先で心が高揚する瞬間は人それぞれだろう。私たちの場合は、一杯のお茶から、英国の宮廷文化、陶磁器、貴族たちのカントリー・ハウス、英国菓子など次から次へと世界が広がった。なんと幸せなことだろう。

二〇二四年春には、スコーンと紅茶をテーマに南西イングランドを旅した。八日間の旅で食べたスコーンは三〇種類以上！ とても楽しい旅だった。二〇一五年にオープンしたばかりの「ダートムーア茶園」にもお邪魔してきた。昨年の収穫量は一〇キロだけ……とのこと。商業的な製茶とは言い難いが、茶畑を軸に、多くの方がダートムーアに集うことが狙いのようだ。南西イングランドは椿の植樹で有名な土地なので、同じツバキ科の茶の木も相性がよいようだ。しかし英国で温室に頼らず茶が育つ時代が来るとは、『茶の博物誌』を書いたレットサム博士も想像していなかったのではないだろうか。南西イングランドには、他にも複数の茶園がある。

これからは訪問先に「茶園」が加わることも多くなりそうだ。旅の終わりが近づくと、自然に話題は次の旅の話になる。さあ、次はどこで紅茶文化を楽しもうか。私たちの旅はまだまだ続きそうだ。

紹介スポット

ヴィクトリア&アルバート博物館
Victoria and Albert Museum
https://www.vam.ac.uk/

トワイニング
Twinings
https://twinings.co.uk/pages/twinings-flagship-store-216-strand

フォートナム&メイソン
Fortnum & Mason
https://www.fortnumandmason.com/

ハロッズ
Harrods
https://www.harrods.com/

カティサーク
Cutty Sark
https://www.rmg.co.uk/cutty-sark

ヴォクソール・プレジャー・ガーデンズ
Vauxhall Pleasure Gardens
https://www.lambeth.gov.uk/parks/vauxhall-pleasure-gardens

ケンジントン宮殿
Kensington Palace
https://www.hrp.org.uk/kensington-palace/

帝国戦争博物館
Imperial War Museum
https://www.iwm.org.uk/

ナショナル・ポートレートギャラリー
National Portrait Gallery
https://www.npg.org.uk/

ナショナル・ギャラリー
National Gallery
https://www.nationalgallery.org.uk/

ポートベローロードマーケット
Portobello Road Market
https://visitportobello.com/

ウエストミンスター寺院
Westminster Abbey
https://www.westminster-abbey.org/

キューガーデン
Kew Gardens
https://www.kew.org/

ミュージアム・オブ・ザ・ホーム
Museum of the Home
https://www.museumofthehome.org.uk/

ハム・ハウス・アンド・ガーデン
Ham House and Garden
https://www.nationaltrust.org.uk/visit/london/ham-house-and-garden

マーブル・ヒルハウス
Marble Hill House
https://www.english-heritage.org.uk/visit/places/marble-hill/

サイオン・ハウス
Syon House
https://syonpark.co.uk/

オスタリーパーク&ハウス
Osterley Park and House
https://www.nationaltrust.org.uk/visit/london/osterley-park-and-house

ストロベリー・ヒル・ハウス
Strawberry Hill House
https://www.strawberryhillhouse.org.uk/

ケンウッド・ハウス
Kenwood House
https://www.english-heritage.org.uk/visit/places/kenwood/

ワールド・オブ・ウェッジウッド
World of Wedgwood
https://www.worldofwedgwood.com/

スポード・ミュージアム・トラスト
Spode Museum Trust
https://spodemuseumtrust.org/

ホーリートリニティー教会
Holy Trinity Church
https://www.achurchnearyou.com/church

ミドルポート・ポタリー
Middleport Pottery
https://re-form.org/middleportpottery/middleport-pottery

グラッドストーン陶磁器博物館
Gladstone Pottery Museum
https://www.stokemuseums.org.uk/

ポタリーズミュージアム&アートギャラリー
The Potteries Museum and Art Gallery
https://www.stokemuseums.org.uk/pmag/galleries/

◉著者略歴

Cha Tea 紅茶教室（チャティー こうちゃきょうしつ）

二〇〇二年開校。山手線日暮里駅近くの代表講師の自宅（英国輸入住宅）を開放してレッスンを開催している。

著書に『お家で楽しむアフタヌーンティー ときめきの英国紅茶時間』『図説 英国紅茶の歴史』『図説 ヴィクトリア朝の暮らし ビートン夫人に学ぶ英国流ライフスタイル』『図説 英国 美しい陶磁器の世界 イギリス王室の御用達』など（ともに河出書房新社）、『名画のティータイム 拡大でみる60の紅茶文化事典』（創元社）、『Cha Tea 紅茶教室の26レッスン 学ぶ楽しみ、本格紅茶と英国菓子レシピ』（誠文堂新光社）、監修に『紅茶のすべてがわかる事典』（ナツメ社）。

二〇二一年荒川区西日暮里に「紅茶専門店 Cha Tea」オープン。

紅茶教室HP　https://chatea.tea-school.com/

X　@ChaTea2016

Instagram　@teaschool_chatea

ふくろうの本

図説 紅茶とお菓子で旅する英国

アフタヌーンティーでひもとくイギリス史

二〇二五年 三 月二〇日初版印刷

二〇二五年 三 月三〇日初版発行

著者……………………Cha Tea 紅茶教室

装幀・デザイン…………水橋真奈美（ヒロ工房）

発行者…………………小野寺優

発行……………………株式会社河出書房新社

〒一六二-八五四四

東京都新宿区東五軒町二-一三

電話 〇三-三四〇四-一二〇一（営業）

〇三-三四〇四-八六一一（編集）

https://www.kawade.co.jp/

印刷……………………大日本印刷株式会社

製本……………………加藤製本株式会社

Printed in Japan

ISBN978-4-309-29463-6